Toutes les RÉPONSES aux QUESTIONS que vous ne vous êtes jamais POSÉES

Le retour !

À mon père, pour son aide si précieuse. PhN

Texte original : Philippe Nessmann

Illustrations originales : Nathalie Choux

Conception graphique et maquette : Pepito Lopez

Participation à l'ouvrage : Serge Bourdin,
Héloïse Bertrand et Nicolas Martin

Sur une idée originale
de Didier Baraud et Christian Demilly

ISBN : 2-915710-37-6
Dépôt légal : mai 2006

Loi n°49-956 du 16 juillet 1949
sur les publications destinées à la jeunesse

Imprimé en Italie par Ercom

Toutes les réponses sont de Philippe Nessmann
richement illustrées par Nathalie Choux

Toutes les RÉPONSES aux QUESTIONS que vous ne vous êtes jamais POSÉES

Palette...

Sommaire

Combien d'extraterrestres y a-t-il dans notre galaxie ?

Oui, vous avez bien lu : combien de petits êtres verts – ou bleus, ou rouges, ça n'a pas d'importance – vivent actuellement dans notre galaxie ? Et avec combien d'entre eux pourrions-nous communiquer ? En 1961, un astronome américain très sérieux, Frank Drake, a tenté d'y répondre très précisément. Pour cela, il s'est demandé combien d'étoiles apparaissent chaque année dans notre galaxie. Ensuite, parmi ces étoiles, combien sont entourées de planètes. Ensuite, parmi ces planètes, combien sont propices à l'apparition de la vie. Ensuite, parmi ces dernières, sur combien la vie est-elle réellement apparue. Ensuite, parmi elles, combien ont vu l'apparition d'une forme d'intelligence. Ensuite, parmi ces dernières, combien ont développé une technologie avancée. Enfin, comme toutes les civilisations meurent un jour, quelle est la durée de vie d'une civilisation. En novembre 1961, Drake a réuni neuf astronomes, chimistes et biologistes de renom pour tenter de donner des valeurs à chacune des inconnues de son équation. Résultat : le nombre de civilisations extraterrestres avec lesquelles nous pourrions communiquer se situerait entre une vingtaine et plusieurs millions... Mais ces chiffres laissent aujourd'hui de nombreux chercheurs sceptiques.

? Des signaux extraterrestres ont déjà été captés. Vrai ou faux ?

Faux. Depuis 1960, des paraboles géantes tentent de capter des ondes radios émises par des extraterrestres. Mais rien n'a été détecté à ce jour, et il n'existe aucune preuve formelle que les aliens existent réellement...

Pourquoi Nemo le poisson-clown n'a-t-il pas de petite sœur ?

Dans la vraie vie, l'existence des poissons-clowns est encore plus extraordinaire que dans les dessins animés. Ces petits poissons orange et blanc naissent tous, absolument tous, garçons. Aucune fille parmi eux ! Voici ce qui se passe : chaque famille vit dans son anémone de mer. Une famille est composée d'une femelle, d'un mâle et de leurs enfants, des « sous-mâles » dont le développement est arrêté. Si la mère de famille meurt, le mâle se transforme, en l'espace d'un ou deux mois, en femelle ! Et le plus agressif des « sous-mâles » reprend son évolution, devient un mâle – un vrai – et forme un couple avec la nouvelle femelle. Ce changement de sexe au cours de la vie s'appelle l'hermaphrodisme successif. Environ 10 % des familles de poissons marins le connaissent, parfois dans l'autre sens : ainsi les mérous naissent-ils femelles et deviennent-ils mâles vers l'âge de 12 ans. Les huîtres font encore plus fort : toutes naissent femelles puis, chaque année, changent de sexe.

Certains animaux sont à la fois mâle et femelle. Vrai ou faux ?

Vrai. Les escargots et les vers de terre sont des hermaphrodites simultanés : ils sont à la fois mâle et femelle. Il arrive même qu'ils se fécondent eux-mêmes, mais c'est très rare. Le plus souvent, ils se mettent à deux pour se féconder mutuellement.

Sous quel nom $C_{12}H_{22}O_{11}$ est-il plus connu ?

Un indice : il s'agit de matière. Toute la matière qui nous entoure est formée d'atomes : les maisons, les livres, les plantes vertes, les chiens, les chats et même nous. Les atomes sont de microscopiques grains, si petits qu'on ne peut pas les voir, même avec les meilleurs microscopes optiques. Il existe, en tout et pour tout, moins de 120 sortes d'atome différentes. Certains sont très connus comme les atomes d'hydrogène (noté H), d'oxygène (O), de carbone (C), de cuivre (Cu) ou d'argent (Ag). D'autres moins connus, comme le gadolinium (Gd) ou le protactinium (Pa). Les atomes ressemblent un peu à des briques de Lego qui s'assemblent pour former des grappes. Ces grappes sont appelées molécules. Par exemple, lorsque deux atomes d'hydrogène (H et H) se fixent sur un atome d'oxygène (O), cela donne une molécule (H_2O) qui n'est rien d'autre que... de l'eau ! Certaines molécules géantes, comme celle d'ADN, sont formées de milliers d'atomes. Celle de la question est bien plus petite puisqu'elle est constituée de 12 atomes de carbone, 22 d'hydrogène et 11 d'oxygène. Son nom ? Le saccharose, autrement dit le sucre.

Dans une goutte d'eau, combien y a-t-il de molécules d'eau ?

Dans une goutte de 4 mm de diamètre, il y a environ mille milliards de milliards de molécules d'eau. Si chacune avait la taille d'un grain de sable, on pourrait en recouvrir la France entière sur une hauteur d'un mètre.

Combien de poils un homme a-t-il sur le corps ? Et une femme ? Et un enfant ?

Les plus patients pourront les compter. Pour les autres, voici la réponse : 100 000 à 150 000 cheveux, plus 700 sourcils, plus 320 cils, plus 6 000 poils sous chaque aisselle, plus la barbe, plus les bras, plus, plus, plus… Au total, un homme a environ 5 millions de poils sur tout le corps. Une femme a, quant à elle, environ… 5 millions de poils. Et un enfant… 5 millions ! La différence, c'est leur taille. Dès la naissance, notre corps est recouvert d'un très fin duvet : il y a en moyenne 50 minuscules poils par centimètre carré de peau. À l'adolescence, tout change. Avec les hormones, le duvet de certaines parties de notre corps se transforme en gros poils piquants : sur les avant-bras, les jambes, les aisselles et le pubis. Mais les plus gros changements ont lieu chez les hommes : sous l'effet des hormones mâles, du poil dru pousse sur les joues, sur le torse et même sur le dos de certains. Le nombre de poils diminue avec l'âge. C'est sur la tête des hommes que c'est alors le plus visible : ils perdent leurs cheveux.

Les poils ne servent à rien. Vrai ou faux ?

Faux. À la base du poil se trouve une glande qui produit une graisse qui lubrifie et assouplit la peau. Ils servent également de protection contre le froid ou la chaleur.

Combien un nuage pèse-t-il ?

La masse d'un nuage dépend bien sûr de sa taille. Commençons petit : capturons un bout de nuage, mettons-le dans un cube d'un mètre de côté, et observons-le : on remarque d'abord qu'il est formé de plusieurs centaines, voire de plusieurs milliers de fines gouttelettes d'eau en suspension. En rassemblant toutes ces gouttelettes, on obtiendrait un dé à coudre d'eau pesant 2 à 3 grammes. Le reste, c'est de l'air. Dans un nuage, l'air constitue d'ailleurs l'essentiel de la masse : celui contenu dans notre nuage d'un mètre cube pèse environ un kilogramme, 500 fois plus que la masse d'eau ! Relâchons maintenant notre petit nuage et intéressons-nous à un nuage moyen d'un kilomètre de long sur un de large et un de haut : il est constitué de plus d'un million de tonnes d'air et d'environ 2 000 ou 3 000 tonnes d'eau. Comment cette eau fait-elle pour flotter dans les airs ? Grâce à la poussée d'Archimède : de même qu'un pétrolier géant de 500 000 tonnes flotte sur l'océan parce que sa masse est répartie sur un gros volume, l'eau du nuage flotte dans l'air parce qu'elle est répartie dans un énorme nuage. Si les gouttelettes venaient à grossir de trop, elles s'alourdiraient et tomberaient en pluie.

? Combien de nom de nuages connaissez-vous ?

Les cumulus (nuages blancs à contours nets), cumulo-nimbus (nuages sombres, gros et élevés, annonciateurs de pluie), cirrus (nuages filandreux en bande), mais aussi altocumulus, altostratus, cirrocumulus, cirrostratus, nimbo-stratus, strato-nimbus et stratus.

Quelle espèce animale représente à elle seule 80 % de la masse totale des animaux terrestres ?

La réponse ne se trouve ni dans les airs (ce n'est pas un oiseau), ni sur terre (ce ne sont ni les éléphants, ni les fourmis, ni même les humains). La réponse est à chercher sous terre : ces animaux, si nombreux qu'ils représentent à eux seuls 80 % de la masse totale des espèces animales terrestres, hommes compris, sont les lombrics, autrement dit les banals vers de terre. Ils sont présents dans le sol de toutes les régions tempérées et tropicales. Si on en compte plusieurs dizaines par mètre cube de sol, ça finit par faire du poids ! Rien qu'en France, la masse des vers de terre, estimée à plus de 150 millions de tonnes, pèse cinquante fois plus que celle des Français. Il existe près de 4 000 espèces connues de vers de terre. Les plus longs vivent en Australie et, étirés, peuvent mesurer 3 mètres... Mal aimés, les lombrics sont pourtant très utiles : en avalant la terre pour en digérer les matières organiques, ils creusent des galeries qui aèrent le sol, l'ameublissent et le fertilisent.

? Un ver de terre coupé en deux donne naissance à deux vers de terre. Vrai ou faux ?

Faux. Les deux bouts bougent en effet quelques minutes, mais seul le plus long repousse pour reformer un ver entier. Le plus court meurt rapidement.

Le temps que vous lisiez cette question et sa réponse, combien d'êtres humains seront nés sur Terre ?

Supposons que vous mettiez une minute à lire la question ci-dessus et la réponse ci-dessous – c'est un peu rapide, mais c'est mieux pour les calculs, alors merci de faire vite. Pendant cette minute, environ 252 bébés auront poussé leur premier cri aux quatre coins du monde, dont les neuf-dixièmes dans des pays en voie de développement. Dans le même temps, 108 personnes plus ou moins âgées auront rendu l'âme. Ce qui signifie qu'avant la fin de ce paragraphe, la population mondiale aura augmenté de 252 - 108 = 144 individus. Cela représente 8 640 personnes par heure, ou encore 207 360 par jour, ou encore 76 millions par an. Et cela pose un sérieux problème car ce sont autant de bouches supplémentaires à nourrir, et les réserves naturelles de notre planète ne sont pas illimitées. La population mondiale est ainsi passée de 0,25 milliard en l'an 1000 à 1 milliard en 1850, puis 1,5 milliard en 1900, puis 2,5 milliards en 1950, puis 6 milliards en 2000, et pourrait atteindre 9 milliards en 2050. Mais ce rythme de croissance diminue et les experts estiment qu'à la fin du XXIe siècle, la population mondiale pourrait ne plus augmenter.

Au total, combien d'humains ont vécu sur Terre depuis l'apparition de l'homme ?

En 2006, on estimait à 100 milliards le nombre d'humains ayant vu le jour sur Terre. Parmi eux, 93,5 milliards sont déjà morts. Les autres, dont vous, sont toujours vivants.

Pourquoi les **plantes carnivores** ont-elles **bon appétit ?**

Il existe de nombreuses espèces de plantes carnivores, mais toutes mangent des insectes pour les mêmes raisons : parce qu'elles ont faim ! En général, les végétaux puisent les sels minéraux dont ils ont besoin dans le sol grâce à leurs racines. Les plantes carnivores, elles, vivent dans des milieux très pauvres en sels : marais, tourbières, parois rocheuses... Elles ont donc développé une autre technique : digérer des proies. Au menu, ce sont généralement des petits insectes, même si on a retrouvé des restes de grenouilles ou de souris dans des *Nepenthes rajah* d'Asie. Comment la plante attire-t-elle mouches et papillons ? Les dionées colorent leurs feuilles de rose et les parfument d'une odeur qui rappelle le nectar ; les droseras produisent des gouttelettes d'aspect humide très attirantes. Ensuite, il faut attraper les insectes : les feuilles des dionées se referment brusquement telle une mâchoire ; les grassettes engluent leurs proies ; les népenthès présentent aux insectes des urnes dans lesquelles ils glissent sans pouvoir remonter. Commence enfin la digestion, qui dure quelques jours : certaines plantes attendent que la proie pourrisse alors que d'autres produisent des enzymes qui la décomposent.

Les plantes carnivores peuvent avoir des indigestions. Vrai ou faux ?

Vrai. Les feuilles des sarracénies, par exemple, ont la forme d'une urne qui ne se referme pas. Si trop de mouches y pénètrent en même temps, la feuille, incapable de les digérer, noircit et meurt.

Si le Soleil avait la taille d'un ballon de football, quelle taille aurait la Terre ?

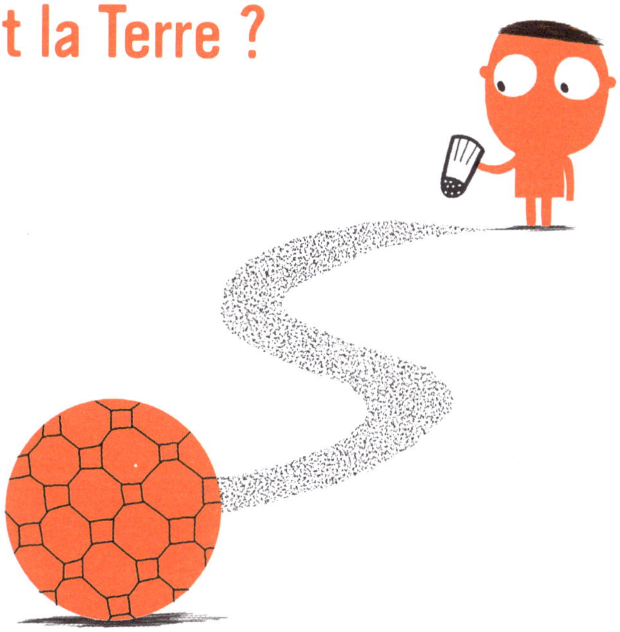

Si le Soleil était gros comme un ballon, la Terre serait petite comme un grain de poivre ! On oublie souvent les proportions du système solaire. Pour en prendre bien conscience, rien ne vaut une maquette à l'échelle : posez un ballon de football par terre et faites 9 grands pas. Posez par terre un grain de gros sel : il correspond à Mercure, la planète la plus proche du Soleil. Marchez 8 pas supplémentaires et posez un grain de poivre : c'est Vénus. Faites encore 6 pas et placez un second grain de poivre : c'est nous, la Terre, à 23 mètres du ballon de foot ! Continuez ainsi en posant à 6 pas de là un second grain de gros sel (Mars) ; puis à 87 pas, une mirabelle (Jupiter, la plus grosse planète du système solaire) ; puis à 103 pas, une cerise (Saturne) ; puis à 229 pas, une grosse myrtille (Uranus) ; puis à 260 pas, une autre myrtille (Neptune) ; et enfin à 223 pas, un grain de sable (Pluton). Vous serez alors à près d'un kilomètre du ballon ! Pluton est si petite et si loin qu'elle est quasiment invisible, même avec les meilleurs télescopes.

Comment se rappelle-t-on facilement le nom des planètes dans l'ordre ?

Retenez la phrase suivante : « Mon Vieux, Tu M'as Jeté Sur Une Nouvelle Planète. » L'initiale de chaque mot donne l'initiale des planètes dans l'ordre.

Au cours de sa vie, combien de temps un homme de 80 ans a-t-il passé à dormir ?

En moyenne, nous dormons environ 8 heures par jour. Un homme de 80 ans a donc passé un tiers de sa vie dans son lit, soit environ 26 années... Notre principale activité, c'est donc l'inactivité ! Le travail vient loin derrière, avec plus de 8 années complètes. Le temps passé à user ses culottes à l'école, au collège et au lycée est encore plus court (même si, sur le coup, cela paraît long) : 1 an et demi. Parmi les loisirs, celui auquel l'on consacre le plus de temps est la télévision. Au rythme actuel, un homme de 80 ans aura passé 10 années entières devant son poste. Si l'on ajoute 5 années attablé à manger et 3 mois et demi aux toilettes (un peu plus pour les constipés), cela fait beaucoup de temps assis... Dans certains domaines, femmes et hommes ne sont pas à égalité : une femme de 80 ans a passé près de 2 années et demie de sa vie à se laver, s'apprêter et s'habiller. Un homme, moins de 10 mois. Elle a aussi passé plus de 5 années à faire les courses, la cuisine et à s'occuper de la maison. Les hommes, beaucoup moins, même si les choses changent. Qu'est-ce que notre octogénaire a fait d'autre dans sa vie ? Il a passé une année à lire, une autre à faire la fête, trois années dans les transports en commun, six mois au téléphone...

? Au cours de sa vie, combien de temps un bébé de six mois a-t-il passé à dormir ?

Un nourrisson dort en moyenne 18 heures par jour. Un bébé de 6 mois a donc dormi 4 mois et demi.

Combien une hippopotame a-t-elle de mamelles ?

La nature est bien faite : comme tous les mammifères n'ont pas le même nombre de petits par portée, ils ont, pour les nourrir, un nombre de tétines adapté. Prenons le mammifère que nous connaissons le mieux : l'être humain. Une femme met au monde, en général, un enfant, parfois deux, très rarement trois ou plus. Pour les allaiter, deux seins suffisent donc. Les mamans hippopotame, baleine ou jument sont dans le même cas. La lionne, dont la portée comporte en moyenne deux à quatre lionceaux, dispose de quatre tétines. Les chattes en ont huit, pour quatre à six chatons. D'une lapine à l'autre, le nombre de tétines varie et peut même être impair : de huit à onze, pour quatre à douze petits par mise bas. Quant à la truie, ses quatorze tétines permettent de nourrir entre dix et quatorze petits. Pourquoi certains animaux mettent-ils au monde un seul petit à la fois et d'autres une dizaine ? En général, plus l'animal est grand, plus la période de gestation est longue, et moins il a de petits par portée.

Certains humains naissent avec trois ou quatre seins. Vrai ou faux ?

Vrai. À la quatrième semaine de son développement, l'embryon humain a deux rangées de tétines, semblables à celles des chiens. Normalement, ces tétines se résorbent et il n'en reste que deux. Mais parfois, une ou deux autres subsistent à la naissance. Elles ressemblent alors à des gros grains de beauté.

Peut-on se réincarner en diamant ?

Oui, et c'est ce que fait une entreprise américaine. Lorsqu'une personne décède et qu'elle est incinérée, cette société propose à la famille de récupérer 200 grammes de cendres. Le carbone en est extrait pour fabriquer un diamant artificiel. Ceux-ci sont en effet constitués d'atomes de carbone, les mêmes que ceux du charbon et du graphite des crayons de papier. Seule change la disposition des atomes les uns par rapport aux autres : dans un diamant, elle est extrêmement régulière. Cette régularité est le résultat des conditions dans lesquelles ils se forment : dans la nature, ils se créent entre 150 et 300 km sous terre, là où la température est de plus de 1 000 °C et la pression des dizaines de milliers de fois plus forte qu'à la surface. Dans ces conditions, les atomes de carbone n'ont pas d'autre choix que de s'accrocher les uns aux autres de manière très régulière. Pour obtenir un diamant artificiel à partir du carbone d'un défunt, l'entreprise américaine reproduit ces conditions dans un four. Et le tour est joué. « Oh, tu as de belles boucles d'oreille ! » « Oui, c'est grand-mère à droite et grand-père à gauche... »

Les diamants sont éternels. Vrai ou faux ?

Faux. Les diamants sont la matière naturelle la plus dure qui soit, mais ils ne sont pas éternels : ils peuvent se briser et brûlent dès 500 °C dans un courant d'air.

Il y a 300 millions d'années, combien y avait-il de continents sur Terre ?

Un seul ! Pour comprendre ce qui s'est passé depuis, effectuons un voyage au centre de la Terre. Le cœur de notre planète ressemble à un œuf. Au milieu se trouve un noyau de fer (le jaune). Il est entouré d'un manteau de roche fondue (le blanc). Puis vient une fine écorce solide (la coquille). Mais cette écorce n'est pas faite d'un seul morceau : elle est formée d'une douzaine de plaques indépendantes, qui flottent sur le manteau comme des radeaux sur l'eau, et qui se déplacent donc les unes par rapport aux autres. Revenons maintenant à nos continents. Il y a 300 millions d'années, ils n'en formaient qu'un seul, la Pangée. Puis les plaques sur lesquelles ils se trouvaient se sont écartées, disloquant ce super-continent. L'Amérique du Sud s'est écartée de l'Afrique, l'Antarctique et l'Australie ont pris le large… Ce phénomène, qui a pris des millions d'années, se poursuit encore aujourd'hui : chaque année, New York s'éloigne de Paris de quelques centimètres.

Comment sait-on que les continents étaient autrefois collés entre eux ?

Observez une carte : les côtes de l'Amérique du Sud s'emboîtent parfaitement dans celles de l'Afrique. Par ailleurs, l'étude des fossiles montre qu'il y a 250 millions d'années, la même faune et la même flore y habitaient. En 1915, l'Allemand Alfred Wegener en déduisit que ces deux continents étaient autrefois soudés l'un à l'autre.

En 1850, combien y avait-il de lapins en Australie ?

En 1850, il n'y avait aucun lapin en Australie : l'animal n'en est pas originaire. Un siècle plus tard, il y en avait un milliard ! Voici ce qui s'est passé entre-temps : en 1859, Thomas Austin, un agriculteur australien amateur de chasse, importa d'Angleterre une douzaine d'individus. Relâchés dans la nature, ils se reproduisirent comme des lapins, justement. Et puisqu'il n'y a en Australie ni renard ni belette pour en croquer, ils envahirent le pays par millions, avec de terribles conséquences : ravageant cultures et pâturages, ils empiétaient sur le territoire d'autres animaux, notamment celui des petits kangourous. Pour lutter contre ce fléau, le gouvernement australien développa la chasse (ce fut insuffisant), construisit des clôtures (les lapins passèrent en dessous), introduisit des renards (qui trouvèrent plus facile de manger les petits marsupiaux). En 1950, la myxomatose, une maladie mortelle du lapin découverte en 1896 en Amérique du Sud, fut volontairement introduite en Australie : la majeure partie des lapins en mourut, mais certains résistèrent et recommencèrent à coloniser le pays. Les Australiens recherchent actuellement un virus génétiquement modifié qui en viendrait à bout.

Comment la myxomatose, originaire d'Amérique du Sud, est-elle arrivée en France ?

En 1952, pour se débarrasser des lapins de sa propriété, le professeur de biologie Armand Delille leur inocula le virus de la myxomatose. Mauvaise idée : en quelques années, l'espèce fut décimée dans toute l'Europe.

Les plantes ont-elles un sexe ?

La plupart des plantes à fleurs ont même les deux sexes : leurs fleurs produisent à la fois de la semence mâle (le pollen) et des ovules femelle. Du coup, il arrive que certains arbres, comme le noyer ou le pêcher, se fécondent eux-mêmes avec leur propre pollen. Cependant, le plus souvent, ils sont « autostériles » et ont donc besoin du pollen d'un autre pour être fécondés. Mais comment faire lorsqu'on est bien enraciné dans son pré pour récupérer la semence du voisin ? Certains végétaux utilisent le vent : le pollen très léger des sapins, des graminées ou des noisetiers s'envole aux quatre vents et, parfois, va féconder un confrère. Autre technique : se payer les services d'un porteur. C'est ce que font les pommiers, les coquelicots ou les rosiers grâce à leurs fleurs colorées et odorantes. Quand un papillon ou une abeille s'y pose pour se nourrir de nectar ou d'une partie du pollen, l'étamine de la fleur en dépose un peu sur l'insecte. Lorsqu'il va ensuite sur les fleurs d'autres spécimens de l'espèce, le pollen du premier tombe sur le pistil et le féconde. Mission accomplie ! La fleur sèche et se transforme en fruit contenant les graines.

Quelle est la durée de vie d'une graine ?

Très très longue ! Les graines sont capables de sommeiller des années en attendant les conditions idéales pour germer. Ainsi a-t-on pu faire pousser en 1966 des graines de lupin arctique vieilles de plus de 10 000 ans, retrouvées au Canada dans une boue gelée.

Pourquoi les humains n'ont-ils pas d'ailes dans le dos ?

Qu'il soit cocotier des Philippines, moustique de Guinée ou champignon de Paris, chaque être vivant a sa propre carte d'identité, contenue à l'intérieur de chacune de ses cellules. Il s'agit d'un long chapelet de molécules appelé **a**cide **d**ésoxyribo**n**ucléique, plus connu sous ses initiales : ADN. Celui d'un humain mesure environ 2 mètres de long, mais il est tellement entortillé sur lui-même qu'il tient à l'intérieur d'une cellule de 0,02 mm de diamètre. L'ADN est divisé en petits segments, les gènes. Ce sont eux qui disent à un être vivant comment il doit grandir. Ils font que les humains ont deux jambes, deux bras, un tronc et une tête ; les pigeons, deux ailes et un bec ; le maïs, des épis et des grains jaunes. D'un humain à l'autre, l'ADN diffère très légèrement, ce qui explique pourquoi il y a des hommes et des femmes, des grands et des petits, des yeux bleus et des yeux bruns... Plus deux espèces sont éloignées, plus leur ADN diffère. Les humains ont ainsi 99% de leur patrimoine génétique en commun avec les chimpanzés, mais bien peu avec les champignons de Paris !

Qu'est-ce que le clonage ?

Chaque être vivant a son propre ADN. Cloner, c'est prendre l'ADN d'un animal, le placer dans une cellule embryonnaire vide et la faire se développer. Quand ça marche, on obtient la copie parfaite de l'être de départ, puisqu'il a le même ADN.

Combien de temps doivent durer vos vacances, si vous voulez les passer sur Mars ?

Marre de cette bonne vieille Terre ? Envie de grands espaces ? Allez sur Mars ! À l'heure actuelle, aucun humain n'y a jamais mis les pieds : pire, si plusieurs sondes s'y sont déjà posées, aucune n'en est revenue. La faute à la distance. D'abord, pour y aller, il faut choisir le bon moment : comme la Terre et Mars ne tournent pas à la même vitesse autour du Soleil, elles sont parfois très proches, parfois diamétralement opposées. En partant au meilleur moment, le voyage aller dure entre 6 et 8 mois (contre 3 jours pour se rendre sur la Lune). Sur place, il faut ensuite attendre le bon moment pour revenir. Puis à nouveau 6 à 8 mois de trajet. Soit, au total, environ 2 ans. Avant d'y envoyer des humains, les problèmes à régler sont nombreux : il faudra beaucoup de carburant et de sandwichs pour les astronautes. Et ils devront s'entendre parfaitement pour se supporter deux ans, être protégés contre les dangereux rayons cosmiques et parfaitement autonomes : les ondes radios mettent jusqu'à 20 minutes pour aller d'une planète à l'autre. En cas de pépin, envoyer un message et attendre la réponse peut nécessiter 40 minutes... Bref, les vacances sur Mars ne sont pas pour demain !

? Combien de temps une fusée mettrait-elle à atteindre l'étoile Proxima du Centaure ?

Une fusée allant à la vitesse de 50 000 km/h mettrait près de 90 000 ans à atteindre Proxima du Centaure, l'étoile la plus proche de la Terre après le Soleil.

Combien le Yéti
a-t-il de doigts de pied ?

Depuis longtemps, le Yéti, créature intermédiaire entre l'homme et l'animal, hante les légendes tibétaines. Les Européens ont commencé à vraiment s'y intéresser au début du xxe siècle, avec le témoignage de plusieurs Anglais. William Knight a ainsi déclaré avoir aperçu dans l'Himalaya un être d'environ 1,80 m, jaune pâle, avec peu de poils sur le visage, des pieds plat et de grandes mains. Plusieurs traces de pas de l'animal – surnommé « abominable homme des neiges » en 1921 par un journaliste – auraient par la suite été observées et parfois photographiées, notamment par Éric Shipton en 1951 et l'abbé Pierre Bordet en 1955... Ces pas, d'une trentaine de centimètres de long, indiqueraient que l'animal marche sur deux pattes et possède quatre doigts à chaque pied. Des crottes et des poils auraient été retrouvés, qui n'appartiennent à aucune espèce connue. Alors ? Pour certains scientifiques, en l'absence de photographie de l'animal ou de son cadavre, le Yéti reste une légende. Pour d'autres, il pourrait être un descendant des gigantopithèques, des singes géants d'Asie disparus il y a 500 000 ans. Quelques spécimens auraient survécu dans les impénétrables forêts de rhododendrons, d'où ils ne sortiraient que rarement.

Des hommes sauvages habitent en Asie centrale. Vrai ou faux ?

De nombreux témoignages l'affirment : il y aurait dans les montagnes reculées de Chine, d'Afghanistan, du Pakistan ou du Caucase, des hommes sauvages – des hommes et non des singes, comme pourrait l'être le Yéti – qui continueraient à vivre à l'âge de pierre.

3,14… et ensuite ? Combien de chiffres après la virgule pouvez-vous donner de Pi ?

3,1415… 3,1415926… Pas mal, mais peut mieux faire ! Petit rappel : Pi est la valeur obtenue en divisant le périmètre d'un cercle par son diamètre. Le problème, c'est qu'il a une infinité de chiffres après la virgule. On ne peut donc en donner qu'une approximation. Il y a 4 000 ans, pour les Égyptiens, Pi valait 3,16. Au IIIe siècle avant notre ère, Archimède a imaginé une méthode d'approximation en encadrant un cercle avec des polygones, pour lesquels on sait calculer le périmètre de manière exacte. Au Ve siècle de notre ère, en appliquant cette méthode, les Chinois ont trouvé 3,141592. Puis, au XVIe siècle, les Arabes ont obtenu 3,14159265358979. Au XVIIe siècle, l'Allemand Van Ceulen est allé jusqu'à 34 décimales… Aujourd'hui, grâce aux ordinateurs, on en connaît un million de millions. Voici un petit poème pour retenir les premières. Il suffit de compter le nombre de lettres de chaque mot : « Que(3) j(1)'aime(4) à(1) faire(5) apprendre(9) un nombre utile aux sages / Glorieux Archimède, artiste ingénieux ! / Toi, de qui Syracuse aime encore la gloire, / Soit ton nom conservé par de savants grimoires. » Le 2 juillet 2005, le Japonais Akira Haraguchi a récité 83 431 décimales apprises par cœur. Ça l'a occupé pendant 13 heures…

Pourquoi Pi est-il appelé Pi ?

Pi s'appelle Pi depuis le XVIIe siècle. Cette notation a été choisie car Pi, ou π, est la lettre grecque correspondant à notre P, initiale de « périmètre ».

Qu'est-ce qui, dans le corps humain, mesure 100 000 km de long ?

Chez un adulte, la longueur des vaisseaux sanguins, mis bout à bout, est de près de 100 000 km. Deux fois et demie le tour de la Terre ! Les plus gros vaisseaux, comme l'aorte, qui part directement du cœur, ont un diamètre de 3 cm. Les plus fins, comme les capillaires qui apportent le sang aux tissus, font quelques millièmes de millimètres de diamètre. Cinq litres de sang circulent à l'intérieur de ce vaste réseau d'artères, de veines et de veinules. Sur ces 5 litres, il y a environ 2,3 litres de globules rouges (ou hématies) : ce sont les cellules qui transportent l'oxygène des poumons jusqu'aux muscles et donnent au sang sa couleur rouge. On trouve aussi deux cuillerées à soupe de globules blancs (ou leucocytes), chargés de combattre les microbes qui tentent de nous attaquer, et deux cuillerées à café de plaquettes (ou thrombocytes), qui servent à faire coaguler le sang quand on se coupe. Toutes ces cellules baignent dans environ 2,7 litres de plasma, un liquide jaunâtre constitué essentiellement d'eau, de sels minéraux, de nutriments, de protéines, d'hormones...

? À quelle vitesse le sang circule-t-il dans les vaisseaux sanguins ?

Ça dépend de la largeur du vaisseau : 10 à 20 cm par seconde dans une grosse veine, quelques millimètres par seconde dans un capillaire.

Trouve-t-on des **coquillages** dans les Alpes ?

Des coquillages fossilisés, oui ! Dans les Alpes-de-Hautes-Provence, au-dessus de Digne-les-Bains, il y a à flanc de montagne une curieuse dalle de pierre naturelle : grande comme un terrain de basket, elle est couverte de 1 500 ammonites fossilisées, des mollusques marins préhistoriques facilement reconnaissables à leur coquille enroulée en spirale. Comment de tels animaux ont-ils pu s'échouer ici, à 100 km de la mer et 700 m d'altitude ? Voilà ce qui s'est passé : il y a 200 millions d'années, la terre à cette endroit était beaucoup plus basse qu'aujourd'hui. Tellement basse qu'elle se trouvait sous le niveau de la mer. Les ammonites étaient donc chez elles. En mourant, leurs coquilles se sont déposées au fond de l'eau. Puis, il y a 140 millions d'années, sous l'effet de la dérive des continents, l'Afrique est lentement remontée vers le nord et a heurté l'Europe. Cette collision a grandement modifié le paysage : il y a environ 20 millions d'années, certaines terres immergées, prises en étau entre l'Europe et l'Afrique, n'ont eu d'autre choix que s'élever. C'est ainsi que la Provence est sortie des eaux et que les Alpes sont apparues, ont grandi et continuent d'ailleurs à le faire, au rythme de quelques millimètres par an.

La Méditerranée est-elle éternelle ?

Le continent africain continue de remonter vers l'Europe. D'ici 50 millions d'années, le détroit de Gibraltar entre Atlantique et Méditerranée se fermera et une bonne partie de celle-ci disparaîtra.

Si tous les Terriens se tenaient serrés les uns contre les autres, quelle place occuperaient-ils ?

À l'occasion de votre prochain anniversaire, vous décidez d'inviter l'humanité tout entière. Quelle surface prévoir pour la piste de danse ? Si vos convives se tiennent bien serrés, vous pourrez en placer 4 par mètre carré, soit 4 millions par kilomètre carré. Pour les 6,5 milliards de Terriens, il faudra donc une surface de 1 625 kilomètres carrés, soit la taille de la Guadeloupe… Finalement, ce n'est pas tant que ça ! Mais 4 millions d'humains par kilomètre carré représentent une densité inimaginable. Sur Terre, le territoire le plus densément peuplé est Macao, avec 28 000 hab/km^2. C'est déjà beaucoup ! En France, il y a en moyenne 108 hab/km^2, mais avec de gros écarts suivant les départements : plus de 20 000 hab/km^2 à Paris, contre seulement 14 hab/km^2 en Lozère. Parmi les régions à faible densité de population, on trouve le Groenland, avec seulement 0,02 hab/km^2. Prenez un terrain de 10 km sur 10 km : vous y rencontrerez en moyenne 2 Esquimaux.

Quel est le continent ayant la plus faible densité de population ?

L'Antarctique. En dehors des manchots, des phoques et de quelques scientifiques, ce continent grand comme trois fois l'Union européenne ne compte absolument aucun habitant.

Quel arbre est appelé le « fossile vivant » ?

Cet arbre existait déjà il y a 250 millions d'années : des fossiles montrent l'empreinte caractéristique de ses feuilles. Mais personne en Europe ne pensait que cette plante, qui avait côtoyé les dinosaures, puisse avoir subsisté jusqu'à nos jours. Pourtant, en 1691, le botaniste allemand Engelbert Kaempfer en découvrit un spécimen dans un temple nippon. L'arbre, qui avait survécu dans une région reculée de Chine, était connu au Japon sous le nom de *gin kyo*. Introduit en Europe, il fut étudié au XVIIIe siècle par le naturaliste suédois Linné et baptisé *Ginkgo* (le Y s'étant transformé en route en G) *biloba* (car certaines feuilles ont la forme de deux lobes). Pour les botanistes, c'est un arbre étonnant : ni feuillu ni conifère, il possède des vertus médicinales contre les problèmes de mémoire, de sénilité, de peau ou d'asthme. Et l'espèce est vraiment, vraiment très résistante : elle a non seulement survécu aux changements climatiques depuis le Jurassique, mais également à Hiroshima. Un ginkgo, situé à environ un kilomètre de l'explosion de la première bombe atomique, a été l'un des premiers arbres à bourgeonner après l'explosion.

? Comment distingue-t-on un ginkgo mâle d'un ginkgo femelle ?

Alors que la majorité des arbres sont à la fois mâle et femelle, les ginkgos sont soit l'un soit l'autre. Au printemps, les mâles produisent des fleurs qui contiennent le pollen, les femelles des petites boules qui sont les ovules.

Quel est l'autre nom
du *Canis familiaris* ?

Un indice : c'est le nom latin d'un animal. Pour savoir lequel, voyons comment les savants ont classé les espèces animales. Tout en haut du classement, il y a l'embranchement : en fonction de la disposition de ses organes, un animal est classé parmi les mollusques (escargot, limace...), les arthropodes (insecte, crustacé...), les vertébrés... Notre invité mystère ayant une colonne vertébrale, c'est un vertébré. Mais les vertébrés eux-mêmes sont répartis en sous-catégories, les classes : les oiseaux (canari, autruche...), les poissons (truite, requin...), les mammifères... *Canis familiaris,* qui allaite ses petits, est un mammifère, mais lequel ? À leur tour, ces derniers se répartissent en différents ordres : primates (homme, chimpanzé...), rongeurs (rat, écureuil...), carnivores... Et puisque notre ami mange uniquement de la viande, c'est un carnivore, de l'une des familles suivantes : félidés (chat, lion...), mustélidés (belette, blaireau...), canidés... Nous approchons ! *Canis familiaris* est un canidé. Mais il en existe différents genres : *Vulpes* (renard roux, fennec...), *Lycaon* (lycaon), *Canis*... Ah, voilà enfin les *Canis* ! Reste à trouver l'espèce : il y a les *Canis lupus* (le loup), *Canis latrans* (le coyote), *Canis adustus* (le chacal rayé), *Canis familiaris* (le chien). La réponse était donc : le chien. Trop facile, la question !

? Combien existe-t-il d'espèces sur Terre ?

Environ 400 000 espèces végétales et 1 800 000 espèces animales (dont les trois quarts d'insectes) ont été recensées. Mais il en resterait encore plus de 10 millions à découvrir...

Pourquoi cela ne sert-il à rien d'avoir un thermomètre gradué jusqu'à -274 °C ?

La température de - 274 °C ne sera jamais atteinte : c'est physiquement impossible ! Pour les températures élevées, il n'existe pas vraiment de limite infranchissable. À l'intérieur du Soleil, il fait environ 15 millions de degrés Celsius. Et on estime que juste après le big bang, la température de l'Univers naissant a pu atteindre 100 000 milliards de milliards de milliards de degrés. Pour les températures froides, en revanche, il existe une limite en dessous de laquelle on ne descendra jamais : - 273,15 °C. Pourquoi celle-ci précisément ? Pour le découvrir, il faut comprendre ce qu'est la chaleur d'un objet : c'est l'agitation de ses atomes, c'est-à-dire des grains microscopiques qui le composent. Plus ils sont agités, plus l'objet est chaud. Plus ils sont calmes, plus il est froid. La température de -273,15 °C correspond à un état où les atomes sont absolument immobiles. Impossible de les calmer plus, donc impossible d'obtenir une température plus froide ! Mais cette température théorique, appelée « zéro absolu », est impossible à atteindre : les atomes conservent toujours une infime agitation. En laboratoire, les scientifiques ont atteint - 273,14999999°C (et des poussières gelées).

Quelle est la température de l'azote liquide avec lequel les dermatologues brûlent les verrues ?

Un flacon d'azote liquide ressemble à une Thermos dont s'échappe une buée glacée. Sa température est de -196 °C.

Combien de litres d'eau buvons-nous par jour, et combien en éliminons-nous ?

Chaque jour, entre le bol de café du matin, les verres d'eau aux repas et le sirop du goûter, nous buvons environ 1,5 litre. Et chaque jour, nous éliminons environ 1,3 litre d'urine, 0,5 de sueur, 0,5 de vapeur par la respiration et 0,2 d'eau dans les selles. Total : 1,5 litre qui entre, 2,5 litres qui sortent… Serions-nous des usines à eau ? Non, car le litre d'eau manquant n'est pas bu mais… mangé. Dans 100 g de haricots verts, il y a en effet 92 g d'eau ; dans 100 g de yaourt, 90 g ; dans 100 g de pommes, 85 g ; dans 100 g de steak, 60 g d'eau. Plus étonnant encore : dans 100 g de pain, il y a 31 g d'eau. Si vous n'êtes pas convaincus, faites l'expérience suivante : prenez une tranche de pain, pesez-la, laissez-la plusieurs jours à l'air libre et lorsqu'elle est bien sèche, bien dure, pesez-la à nouveau. Parmi les aliments contenant le moins d'eau, il y a le beurre (17 g pour 100 g), le chocolat (1 g pour 100 g) et l'huile (0 g !). Avec une alimentation équilibrée, nous « mangeons » chaque jour notre kilogramme d'eau, ce qui correspond au litre qui manquait tout à l'heure.

Combien le corps d'un adulte de 60 kg contient-il de litres d'eau ?

Environ 36 litres ! L'eau est inégalement répartie : il y en a beaucoup dans les liquides corporels (dans 100 g de sang, de salive ou de suc digestif, il y en a 96 à 99 g), un peu moins dans les muscles (75 g pour 100 g), et encore moins dans les os et la graisse (30 g pour 100 g).

Si l'Univers est apparu à 0 h 00 et si 24 heures se sont écoulées depuis, à quelle heure sont apparus les premiers hommes ?

L'Univers est né il y a environ 15 milliards d'années, mais ramenons cette durée à une journée de 24 heures. Au commencement, à 0 h 00, donc, il y a eu une immense explosion d'énergie : c'était le big bang. L'Univers a ensuite gonflé comme un ballon, la matière et la lumière sont apparues. À environ 1 heure du matin, sur notre échelle d'une journée, les premières galaxies se sont formées. Vers 16 h, notre Soleil est né, suivi peu après par la Terre et les autres planètes. Il était 17 h 45 lorsque la vie est apparue sur Terre sous la forme des bactéries primitives. À 23 h 15, les premiers animaux marins, éponges et méduses, se sont ébattus dans les océans. Puis tout s'est accéléré : à 23 h 24, sortie des animaux hors de l'eau ; à 23 h 36, les premiers dinosaures apparaissent, pour disparaître dix-sept minutes plus tard ; à 23 h 53, apparition des primates. Quant aux ancêtres des premiers hommes, ils sont apparus à 23 h 59 mn 32 s, soit 28 secondes avant minuit. C'était il y a environ 5 millions d'années...

Sur notre échelle d'une journée, à quelle heure les hommes ont-ils maîtrisé le feu ?

L'homme a maîtrisé le feu il y a environ 400 000 ans, soit à l'échelle d'une journée à 23 h 59 mn 59 s 997 millièmes.

Nous vivons par 110 °C ou dans des bains d'acide. Qui sommes-nous ?

Les archéobactéries. Les bactéries sont des êtres vivants microscopiques et très simples, formés d'une seule cellule sans noyau. On en trouve partout : dans l'air, dans l'eau, dans le sol, dans notre corps... Certaines sont très utiles : celles de notre intestin, par exemple, nous aident à digérer. D'autres provoquent des maladies comme la méningite, la lèpre ou la tuberculose. Les archéobactéries sont des cousines des bactéries que l'on trouve surtout dans les milieux extrêmes : on les appelle « extrêmophiles ». Ainsi *Pyrolobus fumarii* vit-elle au fond des océans, près de sources d'eau souterraines où la température est de 110 °C. *Sulfolobus acidocaldarius*, en plus de la chaleur, aime les eaux très acides des lacs volcaniques. *Deinococcus radiodurans* se rit des rayons gamma et supporte des doses 3000 fois supérieures à celles qui tueraient un homme. Quant à *Halobacterium salinarum*, elle habite dans des marais salants tellement salés que rien d'autre ne peut y vivre. Les archéobactéries intéressent beaucoup les astronomes car, si elles survivent sur Terre dans des conditions extrêmes, pourquoi n'en feraient-elles pas autant sur d'autres planètes, où les conditions sont tout aussi dures ?

Comment s'appellent les médicaments qui tuent les bactéries ?

Les antibiotiques. Ils sont efficaces contre les bactéries responsables de la méningite ou de certaines angines, mais impuissants contre les virus, comme ceux responsables de la grippe.

Quelle mer a perdu la moitié de sa surface depuis 40 ans ?

La mer d'Aral. C'est l'histoire d'une immense catastrophe écologique : dans les années 1950, cette mer, située en Asie centrale, entre le Kazakhstan et l'Ouzbékistan, était grande comme la Belgique et les Pays-Bas réunis. Ses eaux fournissaient 40 000 tonnes de poissons par an. Puis vinrent les planificateurs soviétiques : dans les années 1960, ils décidèrent qu'il serait bien de produire du coton dans la région. Et puisque le climat était aride, ils décidèrent de puiser l'eau des fleuves. C'est ainsi que 90 % des eaux de l'Amou Darya et du Syr Darya, qui alimentaient la mer d'Aral, furent détournés. Résultat : son niveau a baissé de 18 m. Des maisons qui autrefois étaient au bord de mer en sont désormais éloignées de 120 km, et les poussières salées des zones asséchées, portées par les vents, brûlent les terres arables alentour. Dans la moitié de mer qui subsiste, la concentration en sel a triplé, si bien que 27 des 30 espèces de poissons ont disparu. Plusieurs programmes internationaux de sauvetage ont bien été mis en place, mais la tâche est telle qu'on ne sait pas si la mer pourra être sauvée. D'ici 25 ans, elle pourrait avoir totalement disparu...

Quelle mer située au Moyen-Orient est tellement salée qu'aucun poisson ni aucune algue n'y vit ?

Puisque rien ne peut y vivre, on l'a appelée la mer Morte. Depuis 50 ans, elle a perdu un tiers de sa surface, notamment en raison de la surexploitation du Jourdain, le fleuve qui l'alimente en eau douce.

Je suis née, il y a 4,5 milliards d'années, du choc entre la Terre et une météorite géante. Qui suis-je ?

À cette époque, la Terre était toute jeune. Elle était une boule de roche en fusion, sans aucune trace de vie. Une météorite géante, de la taille de Mars, l'aurait alors heurtée, non pas de front mais légèrement de côté. Sous le choc, des débris se seraient envolés si haut qu'ils auraient fini par se retrouver en orbite autour de la Terre. Ils auraient ensuite formé un anneau semblable à ceux de Saturne. Puis, le temps passant, ils se seraient regroupés, attirés les uns vers les autres par la force de gravitation. Une boule serait ainsi apparue, tournant autour de la Terre. Son nom : la Lune. Bien sûr, ce n'est qu'une hypothèse, mais c'est actuellement celle privilégiée par les astronomes. D'une part, la modélisation de l'impact sur ordinateur montre qu'il est tout à fait réaliste. D'autre part, près de 387 kg de cailloux ont été rapportés de la Lune par les astronautes américains qui s'y sont posés. Or, la composition de cette roche est très semblable à celle de la Terre. La Lune serait donc bien la fille naturelle de la Terre et d'une météorite.

? Combien d'hommes ont posé le pied sur la Lune ?

Les Américains sont les seuls à avoir envoyé des hommes sur la Lune. En tout, douze astronautes y ont posé le pied entre 1969 et 1972.

Les animaux reconnaissent-ils leur reflet dans un miroir ?

Bon, certes, dans la jungle, les gorilles passent peu devant des miroirs. Mais la question mérite d'être posée car elle en amène une autre : les animaux ont-ils une conscience de soi ? Chez le petit d'homme, le « stade du miroir » se produit vers l'âge de 18 mois. Placez une poignée de bambins dans une pièce avec un miroir. Les mamans appliquent une petit tache de peinture rouge sur le nez de leur enfant, sans qu'il s'en aperçoive. Résultat : vers 1 an, le petit se regarde attentivement dans la glace et remarque la tache sur son reflet. Vers 15 mois, il touche le miroir pour tenter de l'effacer. Après 18 mois, il s'essuie le nez sans broncher : il a définitivement compris que la personne dans le miroir, c'est lui. Les scientifiques ont tenté l'expérience dans des zoos et des aquariums avec différents animaux. Parmi les rares espèces à avoir réussi le test, on compte des dauphins, des orques, des orangs-outangs, des chimpanzés. Une femelle orque, après avoir vu son image, est allé frotter son front taché contre la piscine puis est revenue s'observer. Les gorilles et les lions de mer, eux, n'ont pas réagi au test.

Les singes font-ils des singeries ?

Un chimpanzé bonobo peut passer de longues minutes devant un miroir à faire des grimaces, à se curer le nez, montrer les dents ou observer certaines parties de son anatomie invisible autrement, comme son derrière...

Combien d'ampoules de 100 W pourrait-on allumer avec l'électricité d'un éclair ?

Pendant un orage, les gouttes d'eau circulent dans les nuages et se chargent d'électricité. Lorsqu'il y en a trop, l'électricité se décharge d'un coup : c'est la foudre. La puissance électrique d'un éclair est d'environ 20 gigawatts, ce qui permettrait d'allumer 200 millions d'ampoules de 100 W. C'est énorme, mais cela ne dure que le temps de l'éclair, quelques dixièmes de seconde... Si l'on pouvait capter l'électricité du million d'éclairs qui s'abattent chaque année sur la France, on obtiendrait une puissance d'environ 20 mégawatts. C'est à peu près ce que produit une petite turbine de fleuve, de quoi alimenter 5 000 foyers pendant un an. Ce n'est finalement pas tant que ça... D'autant que, pour récolter la foudre, qui peut tomber n'importe où, il faudrait semer 2 milliards de paratonnerres hauts de 10 m sur tout le territoire. Pas joli joli... Avec en plus le problème du stockage : l'électricité est une énergie qui se conserve très difficilement. Lorsqu'elle est produite, il faut la consommer tout de suite.

Combien d'ampoules de 100 watts peut-on allumer avec une éolienne ?

La puissance maximale d'une éolienne est d'environ 1 000 kilowatts, ce qui permet d'allumer 10 000 ampoules de 100 watts. C'est 20 000 fois moins qu'un éclair, mais ça a l'avantage de durer tant qu'il y a du vent...

Combien d'espèces animales et végétales disparaissent chaque jour ?

Chaque jour, environ cent espèces animales et végétales disparaissent de la surface de la Terre. Définitivement. Irrémédiablement. Sur les quelque deux millions d'espèces recensées, ça paraît peu. D'autant que les extinctions sont un phénomène naturel. La Terre en a déjà connu plusieurs de grande ampleur : ainsi, il y a 65 millions d'années, un tiers des espèces, dont tous les dinosaures, ont disparu d'un seul coup, probablement suite à la chute d'une météorite géante sur la Terre. Alors cent espèces de moins par jour, est-ce si grave ? Oui, car cette fois, nous en sommes responsables. En rasant des forêts et en polluant, l'homme détruit certaines plantes et bêtes. Et comme dans un milieu naturel tel oiseau mange tel insecte et tel rongeur niche dans tel arbre, on détruit par ricochet d'autres espèces. En 2004, l'Union Mondiale pour la Nature a dressé une liste rouge de 15 600 espèces menacées. Parmi elles, le faucon pèlerin et l'ours brun d'Europe ; le grand panda et le tigre d'Asie ; le ouistiti et le lynx roux d'Amérique ; l'éléphant et le gorille d'Afrique ; le papillon bleu et la grenouille mouchetée d'Océanie.

Quel oiseau de l'île de la Réunion a disparu au XVIIIe siècle ?

Le dodo était une sorte de gros dindon qui vivait à la Réunion et à l'île Maurice. Sans aucun prédateur, il avait perdu son aptitude à voler. Après la découverte de ces îles, les Européens les ont chassés pour leur viande, jusqu'au dernier.

Dans l'espace, combien pèserait un trou noir de la taille d'une bille ?

Un trou noir d'un centimètre de diamètre pèserait au minimum 6 000 milliards de milliards de tonnes, soit la masse de la Terre. Les trous noirs stellaires sont des objets bien mystérieux. Ce sont des cadavres d'étoile : lorsqu'une étoile très massive meurt, elle explose et donne naissance à un astre très lumineux, une supernova. Le noyau a ensuite tendance à s'effondrer sur lui-même, attiré par sa propre force de gravité. Toute sa masse se concentre dès lors dans un volume de plus en plus petit. C'est ainsi que naît le trou noir, avec sa densité extrême. Il est si dense qu'il attire tout ce qui s'approche et rien ne peut s'en échapper, pas même la lumière. C'est d'ailleurs pour cela qu'on l'appelle « trou noir » : comme aucune lumière ne s'en échappe, personne n'en a jamais vu un. Comment, dans ce cas, sait-on qu'ils existent ? En observant les étoiles ou les objets environnants : une fois pris dans son attraction, ils tournent autour avant de disparaître, absorbés.

Le Soleil est-il une grosse ou une petite étoile ?

Le Soleil est une étoile moyenne. Il en existe certaines plus petites (10 fois plus légères que le Soleil) et d'autres plus grosses (10 fois la masse du Soleil). À la fin de leur existence, seules les plus grosses donnent naissance à des trous noirs.

Qu'est-ce qui mesure 25 cm de large sur plusieurs mètres de long, et qui flotte à la surface des océans ?

Une crotte de baleine bleue. La question n'est peut-être pas du meilleur goût, mais la réponse est plus intéressante qu'il n'y paraît : les excréments des animaux sont souvent un bon moyen de les connaître. Par exemple, les cachalots : comme ils descendent à plus de 2 000 mètres de profondeur pour se nourrir, il est impossible de les suivre pour savoir quel type de repas ils y trouvent. Heureusement, en attrapant leurs déjections avec un filet puis en les étudiant, les chercheurs savent maintenant que les cachalots se nourrissent parfois de requins et de calamars géants. De même pour les chauves-souris, qui chassent la nuit : les fragments d'ailes, de pattes ou de carapaces retrouvés dans leurs fientes permettent de connaître leur alimentation. Mais il y a encore mieux : en 1995, des paléontologues ont retrouvé au Canada une crotte fossilisée de dinosaure. En observant les os broyés qu'elle contenait, ils en ont déduit qu'il s'agissait des excréments d'un carnivore, certainement un tyrannosaure, qui avait dévoré peu avant un herbivore de la taille d'une vache.

Certains animaux adultes ne défèquent jamais. Vrai ou faux ?

Vrai. Les éphémères adultes ne vivent que quelques heures, le temps de se reproduire. Pendant ce temps, ils ne mangent ni ne défèquent.

Quel est le plus grand nombre premier connu ?

Un nombre premier est un nombre qui peut être divisé uniquement par 1 et par lui-même : 2, 3, 5, 7, 11, 13, 17, 19, 23... En revanche, 12 n'en est pas un puisqu'il est divisible par 2, par 3, par 4 et par 6. Depuis l'Antiquité, ces nombres fascinent les mathématiciens. Au IIIe siècle av. J.-C., le Grec Euclide a démontré qu'il en existait une infinité, mais personne n'a depuis trouvé de formule permettant de tous les obtenir. Pour découvrir des nombres premiers de plus en plus grands, il faut tâtonner. Un travail fastidieux facilité par l'invention de l'ordinateur. Et plutôt que d'utiliser une seule machine, autant en associer plusieurs : c'est ainsi qu'est né le projet Gimps (Great Internet Mersenne Prime Search). Tout autour du monde, des volontaires branchés sur Internet autorisent le Gimps à utiliser leur ordinateur personnel, lorsqu'ils ne l'emploient pas eux-mêmes. Grâce à ce réseau de plusieurs centaines de milliers de PC, le Gimps a découvert en décembre 2005 un nombre premier formé de plus de 9 millions de chiffres. Le record du moment ! Pour le trouver, il a fallu 10 mois de calculs au réseau d'ordinateurs (avec un seul ordinateur, 1 450 ans auraient été nécessaires). Et pour l'écrire en entier, il faudrait 55 livres comme celui que vous tenez entre les mains !

Les nombres premiers ne servent à rien. Vrai ou faux ?

Faux ! Lorsque vous payez sur Internet, le codage du numéro de votre carte bancaire se fait grâce à des nombres premiers géants.

Pour faire un enfant, combien de « petites graines » papa met-il dans le ventre de maman ?

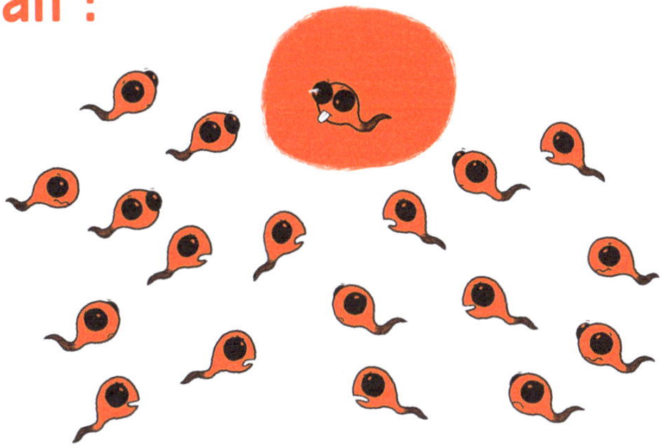

Bon, nous sommes tous grands, nous savons que les bébés ne naissent ni dans les choux ni dans les roses : pour faire un enfant, papa met une petite graine appelée spermatozoïde dans le ventre de maman. En réalité, il n'en met pas une, mais environ 200 millions. Cependant, comme elles sont microscopiques, toutes tiennent dans une cuillère à café. Elles ressemblent un peu à des épingles dont la tête mesurerait 0,005 mm et la queue 0,045 mm. Si les spermatozoïdes sont aussi nombreux, c'est qu'une épuisante course contre la montre s'engage pour eux et que leur durée de vie n'est que de quelques jours. Tic, tac, tic, tac ! Ils doivent remonter l'utérus et la trompe, trouver l'ovule à féconder et y pénétrer. Un parcours de 13 à 15 centimètres, pas évident pour d'aussi petits êtres ! Pour y parvenir, ils remuent leur queue et avancent comme des poissons dans l'eau à la fabuleuse vitesse de 3 mm par minute. Seuls les plus vifs, quelques centaines en tout, parviennent au terme du voyage. Et parmi eux, un seul pénètre dans l'ovule. Le développement de l'embryon commence alors. Nous avons donc tous, un jour, été les vainqueurs d'une difficile course !

? Ce sont les spermatozoïdes qui décident du sexe du futur bébé. Vrai ou faux ?

Vrai. Il existe des spermatozoïdes X et des spermatozoïdes Y. Si c'est un Y qui entre dans l'ovule, un garçon naîtra neuf mois plus tard ; si c'est un X, ce sera une fille.

Peut-on prédire le temps qu'il fera dans un mois ?

Malgré les photos satellite et les programmes informatiques, il est impossible de dire précisément le temps qu'il fera dans un mois, ni même dans quinze jours. La raison à cela est souvent appelée « effet papillon ». Au début des années 1960, le météorologue américain Edward Lorenz travaillait sur un modèle devant prédire la température. Un jour, pour vérifier un résultat obtenu quelques jours plus tôt, il introduisit des chiffres dans un ordinateur, lança le programme et obtint un résultat très différent du premier. Il s'aperçut alors que, pour aller plus vite, il avait tapé 0,506 au lieu de 0,506127. Une toute petite différence au départ avait conduit à une énorme différence à l'arrivée. Pour donner une image parlante du phénomène, il expliqua que le battement d'aile d'un papillon au Brésil pouvait entraîner une tornade au Texas. Petits effets, grosses conséquences : c'est la théorie du chaos. Et cela explique les limites des prévisions météorologiques : de minuscules perturbations de l'atmosphère terrestre, non mesurables et sans conséquence aujourd'hui et dans les jours qui viennent, peuvent en avoir de grosses dans deux semaines.

En haute montagne, comment de petites causes peuvent-elles avoir de grands effets ?

Un skieur passe sur la crête enneigée d'une montagne. Une petite plaque de neige se détache, grossit, grossit... C'est l'avalanche qui emporte tout sur son passage.

Pourquoi n'y a-t-il jamais de touristes sur l'île Surtsey, au large de l'Islande ?

Pour les scientifiques, cette île est un véritable trésor. Jusqu'en 1963, il n'y avait, à cet endroit situé à 30 km au sud de l'Islande, rien que la mer. Le 14 novembre, une éruption volcanique sous-marine s'est produite et l'île est progressivement sortie des eaux, jusqu'à atteindre 1,5 km de diamètre et 174 m de haut. Les scientifiques ont alors eu une excellente idée : ils ont voulu voir comment la vie apparaîtrait sur ce caillou volcanique, baptisé Surtsey. Son accès fut donc interdit à tout humain, sauf aux biologistes et aux zoologistes chargés de noter l'apparition des espèces. Les premières plantes à s'y développer furent, dès 1965, des lichens et des mousses dont les graines avaient été portées par le vent, puis des herbes, portées par la mer. Venus des terres voisines par les airs, des scarabées et des papillons s'installèrent. Puis des oiseaux trouvèrent avec les herbes et les insectes de quoi nicher et se nourrir.
À leur tour, ils participèrent au développement de la flore avec leurs crottes très fertiles et l'apport de graines nouvelles depuis l'Islande. Actuellement, 12 espèces d'oiseaux et 60 espèces de plantes vivent sur Surtsey, dont les premiers arbustes depuis 1998.

Dans 500 ans, l'île Surtsey aura disparu. Vrai ou faux ?

Vrai. La roche volcanique étant très friable, l'île est rongée par la mer, le vent et la pluie. Depuis 1967, elle a déjà perdu la moitié de sa surface et ne mesure aujourd'hui plus que 1,4 km^2.

Les animaux à sang froid peuvent-ils avoir le sang chaud ?

Ça dépend du moment. Les animaux à sang chaud, comme les oiseaux et les mammifères, ont un organisme capable de conserver toujours la même température, été comme hiver, qu'il fasse dehors + 30 °C ou - 10 °C. Celle d'une chèvre est d'environ 40 °C, d'un chien ou d'un chat de 39 °C, d'un humain de 37 °C, d'un ornithorynque de 32 °C. Les animaux à sang froid, comme les poissons, les reptiles, les batraciens et les insectes, prennent quant à eux la température du lieu dans lequel ils se trouvent. Dans un bocal à 20 °C, Bubulle le poisson rouge aura une température de 20 °C. Si l'on rajoute des glaçons et que l'eau chute à 10 °C, la température corporelle de Bubulle descendra d'autant. Chacun des deux systèmes a ses avantages et ses inconvénients : les animaux à sang chaud restent actifs l'hiver alors que leurs confrères à sang froid tombent en léthargie jusqu'au redoux. En contrepartie, pour maintenir leur température, ils doivent manger beaucoup plus. En conclusion, si les animaux à sang froid ont souvent une température plus fraîche que ceux à sang chaud, ce n'est pas toujours le cas : dans le désert californien, la température du lézard Chuckwalla peut dépasser les 41 °C. Qui dit mieux ?

Quelle est la température d'un hamster doré qui hiberne ?

Lorsque le hamster hiberne, sa température chute à 13 °C. Ça lui permet de survivre en mangeant un minimum.

Pour dater une momie, on mesure son « carbone 14 ». Mais pourquoi 14 et pas 15 ?

La matière est formée de petits grains, les atomes : il existe des atomes d'oxygène, de fer, de carbone... Normalement, le noyau d'un atome de carbone est formé de 6 neutrons et de 6 protons : c'est le carbone 12 (6+6). Mais parfois, sous l'effet des rayons cosmiques, des atomes de carbone apparaissent dans l'atmosphère terrestre avec 6 protons et 8 neutrons : c'est le carbone 14 (6+8). Il y a donc de ces atomes-ci – très rares – dans l'air, dans les plantes qui respirent de l'air, dans les animaux qui respirent et mangent des plantes, dans les êtres humains qui respirent et mangent des plantes et des animaux... Durant notre vie, la proportion de carbone 14 par rapport au carbone 12 reste la même dans notre corps : celle de l'atmosphère. Mais dès que nous mourons, nous cessons de respirer et de manger : les atomes de carbone 14, instables, se désintègrent alors peu à peu. Après 5 730 ans, ils sont deux fois moins nombreux. Pour savoir quand un arbre, un animal ou un homme est mort, il suffit donc de mesurer la quantité de carbone 14 restant par rapport à celle de carbone 12. Cela marche aussi pour du tissu, du cuir et tout ce qui est confectionné à partir d'êtres vivants.

? On peut dater un os de dinosaure avec le carbone 14. Vrai ou faux ?

Faux. Dans les objets de plus de 40 000 ans, il n'y a plus assez de carbone 14 pour les dater. La méthode ne s'applique donc pas aux os de dinosaures, morts il y a plus de 65 millions d'années.

Peut-on apprendre en dormant ?

Autrement dit : vaut-il mieux apprendre ses leçons la veille de l'interrogation écrite ou le matin même ? Pour le découvrir, les chercheurs ont utilisé une machine dite de « tomographie à émission de positrons » : pendant que des cobayes humains effectuaient divers exercices, elle scannait leur cerveau et détectait les zones les plus actives. Lorsqu'on parle, qu'on regarde, qu'on marche, qu'on lit ou qu'on fait un calcul mental, ce ne sont pas les mêmes régions du cerveau qui se mettent en branle. La nuit suivante, la machine a continué à observer le cerveau des cobayes et, surprise !, les zones activées lors de l'apprentissage se sont réactivées. Les chercheurs en ont déduit que, pendant le sommeil, l'apprentissage de la veille se consolidait. D'ailleurs, le lendemain, les performances aux mêmes exercices étaient améliorées. Pour l'interrogation écrite, cela ne fait donc aucun doute : mieux vaut réviser la veille que le matin même. Et ensuite, au lit !

Lorsqu'on dort, on rêve du début de la nuit jusqu'à la fin. Vrai ou faux ?

Faux. Il existe deux phases principales de sommeil. Pendant le sommeil lent, les muscles gardent leur tonus et le cerveau a une activité ralentie. Pendant le sommeil paradoxal, les muscles sont totalement relâchés, les yeux ont des mouvements rapides et le cerveau une activité semblable à celle de l'éveil. Au cours de la nuit, ces phases se succèdent. Les rêves ont lieu essentiellement pendant le sommeil paradoxal.

Il y a les vivants et les non-vivants.
Moi, je suis juste entre les deux. Qui suis-je ?

Regardons autour de nous. Il y a les non-vivants : une table, un ordinateur, une voiture... Et les vivants : la chatte Zoé endormie sur la table, Claude le cactus dans son pot, une mouche sans nom qui tourne en rond... Pour distinguer ce qui est vivant de ce qui ne l'est pas, les biologistes ont défini des critères : un être vivant respire, est constitué d'au moins une cellule contenant le matériel génétique (ADN), se reproduit à partir d'un ou plusieurs de ses semblables, absorbe de la nourriture pour croître. La table fait donc bien partie des « non-vivants » et Zoé la chatte des « vivants ». Mais il existe des organismes inclassables : les virus. Ces microbes, si petits qu'ils sont invisibles au microscope optique, ne sont pas constitués de cellules, ne respirent pas, ne grandissent pas, ne bougent pas. Ils ne sont donc pas vivants. Pourtant, ils ont un patrimoine génétique et sont redoutables : dès qu'ils rencontrent la bonne cellule, ils la pénètrent, piratent son ADN et l'obligent à fabriquer... des copies du virus. Et s'il le faut, ils mutent pour devenir encore plus redoutables. Des stratégies dignes d'êtres vivants !

? Les virus s'attaquent uniquement aux hommes et aux animaux. Vrai ou faux ?

Faux. Il existe une grande variété de virus. Certains parasitent les cellules des oiseaux, d'autres celles des hommes, des insectes, des plantes, des algues, des champignons, et même des bactéries.

Qu'est-ce que la pollution lumineuse ?

Chaque soir, les villes s'illuminent : les lampadaires éclairent les rues et des spots projettent leur lumière sur les monuments historiques. Une partie de cette lumière, réfléchie par le sol et les murs, part vers le ciel et éclaire l'atmosphère : cela forme un halo de lumière au-dessus des villes, bien visible depuis les campagnes voisines. Cette pollution lumineuse est très gênante pour les amateurs d'étoiles. La nuit, le ciel est en effet si clair au-dessus des villes qu'on voit seulement les étoiles les plus brillantes. Du coup, les astronomes, qui au XIXe siècle avaient bâti leurs observatoires à Strasbourg, Bordeaux, Nantes ou Marseille, ont dû s'exiler loin des lumières de la ville. Pour obtenir le ciel le plus pur, ils se sont installés dans les montagnes. Aujourd'hui, les plus gros télescopes du monde se trouvent dans les Andes chiliennes, comme le Very Large Telescope, ou au sommet du mont hawaïen Mauna Kea, comme le Keck. Lorsqu'on ne les envoie pas directement dans l'espace, comme Hubble, mis en orbite en 1990. Mais tout n'est pas perdu : l'installation d'un éclairage mieux adapté permettra peut-être, un jour, d'apercevoir à nouveau la Voie lactée depuis le cœur des villes.

? Certaines plantes et animaux des villes souffrent de la pollution lumineuse. Vrai ou faux ?

Il semblerait que ce soit vrai. Perturbés par la lumière perpétuelle, des merles se mettraient à chanter en pleine « nuit » et des plantes avanceraient le moment de fleurir.

Je suis à la fois **une algue** qui vit hors de l'eau et un **champignon sans pied ni chapeau.** Qui suis-je ?

Le lichen. Ce végétal vert, jaune ou rouge qui tapisse les rochers, les troncs d'arbre ou les toits de maison n'est pas un végétal simple : c'est une association de bienfaiteurs. Au microscope, on s'aperçoit en effet que la plupart des lichens sont formés d'un champignon et d'une algue qui vivent en parfaite symbiose. Les filaments du champignon, appelés hyphes, procurent à l'algue un abri contre les intempéries et la sécheresse ainsi que des sels minéraux. En retour, il reçoit de l'algue microscopique la chlorophylle, qu'il est incapable de fabriquer lui-même mais dont il a besoin pour se nourrir. Les deux compères s'entendent si bien qu'ils n'ont besoin de personne d'autre pour vivre : les lichens sont les premiers végétaux à coloniser un terrain nu. Il en existe 20 000 espèces vivant de 0 à 4 000 m d'altitude, à des températures de + 70 °C à – 70 °C. Lorsque la pluie manque, ils sèchent, et reprennent leur taille normale dès qu'il pleut. Très résistants, les lichens sont pourtant très sensibles aux impuretés de l'air : ce sont de bons indicateurs de pollution.

? En compagnie de quel animal trouve-t-on le plus souvent les poissons appelés rémoras ?

De requins ! Le rémora est un poisson ventouse qui s'accroche sur le corps du requin et se nourrit des parasites qui l'infestent. Chacun est gagnant : dîner à l'œil pour l'un, toilette gratis pour l'autre.

Comment s'appelle le petit
de la mule et du mulet ?

Il ne s'appelle pas, car il n'existe pas : les mulets sont stériles. Le mulet est le fruit de l'accouplement d'un âne et d'une jument. Pour la mule, c'est la même chose, mais en femelle. De tels croisements entre espèces s'appellent des hybrides et les hybrides ne peuvent généralement pas avoir de petits, pour des raisons génétiques. Ce sont un peu des erreurs de la nature mais, comme la nature est bien faite, ses erreurs ne se reproduisent pas. La mule n'est cependant pas nulle, bien au contraire ! Elle associe les qualités de chacun de ses parents : plus courageuse, plus intelligente, plus robuste qu'un cheval, plus grande, plus rapide et moins paresseuse qu'un âne. Il n'est donc pas étonnant que les hommes aient toujours favorisé les amours entre un âne et une jument. Et attention de ne pas se tromper : le croisement entre un cheval et une ânesse, appelé bardot, est bien différent de la mule. En simplifiant, on peut dire qu'il a les défauts de ses parents... Dans le règne animal, d'autres hybrides existent, obtenus le plus souvent en captivité et artificiellement : tigron (tigre+lionne), crocotte (loup+chienne), ovicapre (bouc+chèvre), zopiok (zébu+yack)...

Y a-t-il des hybrides parmi les plantes ?

Oui, et comme pour les animaux ils sont généralement stériles : clémentine (mandarine+bigaradier), pomelo (orange+pamplemousse)...

L'eau gèle à 0 °C. Mais peut-on conserver de l'eau liquide à – 10 °C ?

L'écrivain italien Malaparte raconte l'histoire suivante : pendant l'hiver 1942, des bombardements provoquèrent des feux de forêt dans la région du lac Ladoga, dans le nord-ouest de la Russie. Des chevaux s'enfuirent et se précipitèrent dans le lac, dont l'eau était encore liquide malgré la vague de froid récente. Mais, alors qu'ils nageaient vers l'autre rive, un grand bruit se fit entendre et l'eau gela brusquement, emprisonnant les chevaux. Le lendemain, seules dépassaient les têtes avec les crinières rigides… Cette histoire, peut-être imaginaire, se base sur un phénomène scientifique réel : la surfusion. Dans l'eau liquide, les molécules, qui sont des grappes de matière, bougent les unes par rapport aux autres. À 0 °C, normalement, elles s'accrochent solidement entre elles et forment de la glace. Mais parfois, lorsque le refroidissement est très brutal et l'eau très pure, elle reste liquide malgré une température de - 5 ou - 10 °C. C'est comme si les molécules savaient qu'elles devaient s'attacher entre elles, mais qu'aucune ne faisait le premier pas. Toutefois, à la moindre poussière introduite dans cette eau, l'accrochage se déclenche et le liquide gèle instantanément.

Le verre est-il un solide ou un liquide ?

Ni l'un ni l'autre. Pour obtenir du verre, on fait fondre du sable. Ensuite, on le refroidit vite pour que les grains n'aient pas le temps de cristalliser. Le verre est donc un liquide en surfusion, que l'on refroidit pour qu'il fige et devienne solide.

L'homme de Cro-Magnon savait-il parler ?

Pas facile de savoir quand les hommes se sont mis à parler ! Les anthropologues possèdent des informations sur nos lointains cousins bipèdes, les Australopithèques, grâce à la découverte d'ossements vieux de plus de 5 millions d'années. Ils savent également plein de choses sur les premiers outils, grâce aux pierres taillées datées de 2 millions d'années. Pareil pour la maîtrise du feu, il y a environ 400 000 ans, grâce aux foyers retrouvés. Mais les hommes préhistoriques prononçaient-ils des mots articulés ? Comme les paroles s'envolent, les chercheurs se sont intéressés au larynx des hommes : l'aptitude à parler dépend de sa position dans le cou. Chez les singes, il est très haut placé : ils ne peuvent émettre que des grognements : « Hou ! hou ! hou ! » Chez les bébés humains aussi il est haut, puis il descend vers l'âge d'un an, permettant l'articulation des premiers « areuh ». Et chez les hommes préhistoriques ? En étudiant la base du crâne de Cro-Magnon, les anthropologues ont déduit qu'il avait le larynx bas et était donc capable d'articuler. Il y a 30 000 ans, notre ancêtre avait sans doute un vrai langage. De là à savoir ce qu'il racontait...

Combien existe-t-il de langues sur Terre ?

Il y a environ 6 000 langues dans le monde. Malheureusement, comme beaucoup sont parlées par des populations très petites, une moitié devrait disparaître d'ici la fin du XXIe siècle. Soit presque une tous les quinze jours...

Le triangle des Bermudes
est-il dangereux ?

Au large de la Floride, le 5 décembre 1945, cinq bombardiers américains s'égarent et, par manque de carburant, disparaissent l'un après l'autre en mer. L'un des hydravions partis à leur secours disparaît lui aussi… Plusieurs journalistes s'intéressent à l'affaire, et en 1964 l'un d'eux parle pour la première fois du mystérieux « triangle des Bermudes », un bout de l'océan Atlantique dont les sommets sont la Floride, l'île de Porto Rico et les îles Bermudes. Plusieurs dizaines d'avions et de navires y auraient disparu. De nombreuses tentatives d'explication ont été avancées, dont certaines sont farfelues : ce serait un repaire d'extraterrestres, à moins qu'il n'y ait là une faille spatio-temporelle… D'autres sont plus sérieuses : il pourrait y avoir une perturbation du magnétisme terrestre qui dévierait les boussoles, ou encore des « flatulences océaniques », émissions naturelles de méthane sous-marin provoquant des remous. Mais l'explication la plus sérieuse est qu'il n'y a pas de mystère : dans cette région une fois et demie plus grande que la Méditerranée, zone de passage de cyclones, les naufrages ne sont en réalité pas plus nombreux qu'ailleurs…

Pour les assureurs, le triangle des Bermudes n'existe pas. Vrai ou faux ?

Vrai. Les assureurs, qui sont pourtant près de leurs sous, n'ont pas de tarif spécial pour les navires et les avions qui traversent le triangle des Bermudes. Nul doute que, s'il y avait un risque plus élevé, ils l'auraient prévu.

Qu'est-ce que « 51 Peg b » : un cochon transgénique, une planète ou un gaz toxique ?

Voici l'histoire de 51 Peg b. En 1995, dans leur laboratoire, les savants suisses Michel Mayer et Didier Queloz font et refont leurs calculs. Depuis quelque temps, ils observent la lumière émise par l'étoile 51 Pegasi, située dans la constellation de Pégase. D'après leurs résultats, cette étoile bouge : elle avance, recule puis avance à nouveau quatre jours plus tard, avec la régularité d'un métronome. Pour les deux astronomes, une seule cause possible : l'étoile est attirée par un objet invisible qui tourne autour et qui ne peut être qu'une planète. Baptisée 51 Peg b, elle est gazeuse, deux fois plus petite que Jupiter et fait le tour de son étoile en seulement 4 jours. Elle est malheureusement bien trop petite et trop éloignée pour être vue directement au télescope : autant essayer de voir à l'œil nu un moustique tournant autour d'un lampadaire à un kilomètre de distance ! La découverte des deux Suisses fait cependant grand bruit : jusque-là, les seules planètes connues tournaient autour du Soleil (Mercure, Vénus, la Terre...). Pour la première fois, des astronomes ont apporté la preuve qu'il existait d'autres planètes, ailleurs, autour d'autres soleils...

Combien a-t-on découvert de planètes ?

En janvier 2006, les astronomes ont annoncé la découverte de OGLE-2005-BLG-390Lb, la première planète extrasolaire solide (et non gazeuse). Entre 51 Peg b et celle-ci, environ 170 autres « exoplanètes » avaient été découvertes.

Jusqu'à quelle distance un **aigle** est-il capable de **voir un lapin** ?

Grâce à leurs yeux énormes, les rapaces ont une excellente vision : un aigle royal voit un lapin à 3 km de distance. C'est 6 fois mieux que ce que peut faire un homme. Les hiboux et les chouettes, eux, voient 50 a 100 fois mieux que nous dans le noir. Sans cette vision, les oiseaux de proie seraient incapables de chasser et de se nourrir. Chaque animal a une vue adaptée à son mode de vie. Ainsi, la libellule est le prédateur de petits insectes, mais aussi la proie d'oiseaux : elle doit donc pouvoir s'envoler très vite si elle est attaquée. Pour cela, chacun de ses yeux est doté de 30 000 facettes, qui lui permettent de scanner ce qui l'entoure 175 fois par seconde. Grâce à eux, elle perçoit les mouvements 7 fois mieux qu'un homme. Quant à la taupe, elle est aveugle comme… une taupe. Mais qu'importe ! Sous terre, il n'y a rien à voir. Et pour attraper les vers de terre dont elle est friande, elle possède d'autres armes redoutables : son odorat lui permet de sentir un ver à travers une couche de terre de 6 cm, son ouïe perçoit le moindre bruit, et son toucher est très sensible aux vibrations.

Les abeilles voient des couleurs que nous ne voyons pas. Vrai ou faux ?

Vrai. Les abeilles ne voient pas la couleur rouge, mais elles perçoivent l'ultraviolet, ce qui leur permet de mieux distinguer la forme des fleurs et surtout leur cœur, où se trouve le pollen tant recherché.

Combien y a-t-il de centenaires en France ?

Il y en a... de plus en plus. En 1950, on comptait seulement 200 Français âgés de plus de cent ans. Ce nombre est passé à 1 100 en 1970, puis 3 800 en 1980, puis 8 000 en 2000, puis 16 000 en 2005. Et les estimations prévoient 150 000 centenaires en 2050, dont une part importante de personnes de plus de 110 ans... Vous êtes candidat ? Voici le profil type : selon une étude réalisée en 1991 sur plus de mille centenaires français, ce sont le plus souvent des femmes (sept fois plus nombreuses que les hommes), 51 % d'entre eux ont les yeux bleus (alors qu'ils ne sont que 31 % dans le reste de la population) et ils ont un optimisme à toute épreuve et un caractère bien trempé. Quant à savoir si l'être humain a une limite d'âge, les scientifiques sont partagés sur la question. Pour certains, Jeanne Calment, décédée en 1997 à 122 ans, restera une exception. Pour d'autres, les progrès de la médecine, de l'hygiène et de l'alimentation interdisent de fixer toute limite biologique au-delà de laquelle la vie humaine n'est plus possible. Vivra-t-on un jour jusqu'à 150 ans ou 200 ans ?

Quelle est l'espérance de vie en France ?

Un bébé né en France en 2004 vivra en moyenne jusqu'à l'âge de 83,8 ans si c'est une fille, 76,7 ans si c'est un garçon. En 1780, cette espérance de vie était d'environ 28 ans. Et actuellement, pour les enfants nés dans le pays africain du Sierra Leone, elle est de seulement 39 ans, notamment à cause du sida et des guerres.

Combien de boulons et autres objets tournent en orbite autour de la Terre ?

Depuis le 4 octobre 1957 et la mise en orbite de Soyouz, des milliers de satellites ont été envoyés dans l'espace. Ils ont vécu, sont morts et leurs cadavres sont restés là-haut. Parfois, sous l'effet des variations de température, ils ont éclaté en morceaux plus petits. Selon le Centre national d'études spatiales (CNES), environ 10 000 objets de plus de 10 cm tournent actuellement autour de la Terre ; plus 200 000 objets de 1 à 10 cm ; plus 35 millions d'objets de 0,1 à 1 cm ; et bien plus encore de particules inférieures à 0,1 cm. Parmi eux, des vieux satellites, des batteries usagées, des boulons, des étages de fusées et même un gant, celui égaré par l'Américain Edward White en 1965. Tous ces déchets sont très dangereux : chacun file à près de 10 km/s, dix fois plus vite qu'une balle de fusil ! Une simple écaille de peinture peut laisser un impact d'une dizaine de millimètres sur le hublot d'une navette spatiale... Pour se protéger des gros objets, la NASA a développé un système de surveillance. Pour les plus petits, indétectables, les scientifiques imaginent de nouveaux matériaux plus résistants. Mais, à l'avenir, il faudra surtout penser au recyclage des satellites dans l'espace dès leur conception sur Terre...

Quelle station spatiale a été détruite le 23 mars 2001 ?

Pour éviter qu'elle ne pollue l'espace, la station russe Mir, en fin de vie, a volontairement été freinée pour qu'elle s'écrase dans l'océan Pacifique.

Que devient un bonsaï relâché dans la nature ?

Il grandit ! La réponse peut paraître idiote, mais elle ne l'est pas tant que ça (sinon, elle ne serait pas dans ce livre). Car que se passe-t-il si, à la place du bonsaï, on relâche un lapin nain dans la nature ? Il pourra dévorer la moitié d'un pré, il ne grandira pas d'un poil. Et un chêne nain planté au même endroit restera petit lui aussi. La taille maximale que peut prendre un animal ou une plante à l'âge adulte dépend essentiellement de l'espèce et est inscrite dans ses gènes : les chihuahuas arriveront toujours à la cheville des dobermans, même s'ils mangent de la soupe tous les jours. Dans ce cas, pourquoi notre bonsaï grandit-il, lui ? En fait, un bonsaï n'est pas un arbre nain : c'est un chêne, un mélèze, un saule ou un érable tout à fait normal, dont on taille régulièrement les branches et les racines pour l'empêcher de grandir. Ainsi peut-on le garder dans un pot : en Japonais, bonsaï signifie d'ailleurs arbre (*saï*) en pot (*bon*). Mais dès qu'on le replante dans la nature, ses racines et ses branches poussent librement et il grandit.

Où, dans la nature, peut-on trouver des bonsaïs naturels ?
Il arrive qu'une graine d'arbre atterrisse dans la faille d'un rocher ou sur un toit de maison. Elle germe, mais, n'ayant pas ou peu de terre pour pousser, l'arbre ne peut se développer et reste petit.

Les poules
ont-elles eu des dents ?

Petit exercice d'observation : prenez une poule et regardez-la bien. Les pattes d'abord, ces petites écailles, ces trois orteils vers l'avant munis de griffes, ne vous rappellent-ils rien ? Et le fait que, comme les reptiles, elle ponde des œufs ? Et sa démarche sur deux pattes ne fait-elle pas penser à certaines scènes de Jurassic Park ? Ça y est, vous y êtes, c'est évident : les poules ont un petit air de famille avec les tyrannosaures ! L'hypothèse que les oiseaux descendent des dinosaures, notamment des thérapodes, n'est pas nouvelle : elle remonte à la découverte en 1861 du fossile d'un archéopteryx, en Bavière. En remarquant qu'il avait les dents et la queue des reptiles d'antan, et les plumes des oiseaux actuels, Charles Darwin y a vu le maillon entre les premiers et les seconds. Cette théorie, un temps abandonnée à cause des clavicules des oiseaux, que n'avaient pas les dinosaures, a obtenu une confirmation quasi définitive en 2005. Un dixième fossile d'archéopteryx a été découvert en Bavière. Vieux de 150 millions d'années mais en excellent état, il confirme que cet ancêtre des oiseaux, qui avait la taille d'une pie, possédait bien des caractéristiques dinosauriennes.

Qu'est-ce que l'archéoraptor ?

Un canular ! En 1999, la découverte en Chine du fossile d'un animal nouveau, mi-oiseau mi-dinosaure, a connu un grand retentissement. Baptisé archéoraptor (à ne pas confondre avec le vélociraptor, bien réel celui-ci), il s'agissait du collage subtil de fossiles de deux animaux distincts…

Quel point commun y a-t-il
entre le Parthénon et un cœur de tournesol ?

Ça ne saute pas aux yeux, mais leur point commun serait le nombre d'or. Ainsi nommé par le diplomate roumain Matila Ghyka en 1932, il était connu depuis des siècles sous le nom de Divine Proportion, de Section dorée ou encore de Règle d'or. Le mathématicien grec Euclide l'a défini comme la juste conservation des proportions. Il vaut $(1 + \sqrt{5}) / 2$, soit environ 1,618. Pour les artistes de la Renaissance, il représentait un idéal de beauté : le rectangle d'or, dont la longueur égale 1,618 fois sa largeur, constituait une forme de perfection. Ce nombre se retrouverait dans les proportions du Parthénon d'Athènes et du théâtre d'Épidaure, en Grèce, ou encore dans le tableau *La Naissance de Vénus* du peintre italien Botticelli. On le retrouverait par ailleurs dans la manière dont Dame Nature a agencé les graines dans une fleur de tournesol ou dans la distribution des cloisons situées à l'intérieur de certains coquillages en spirale, comme le nautile cloisonné.

Le nombre d'or est-il en toc ?

Selon le diplomate Matila Ghyka, le nombre d'or est partout, dans la pyramide de Khéops comme dans des vases grecs. Cependant, aucun texte ne prouve que les architectes ou les artisans de l'époque l'avaient en tête au moment de créer leurs œuvres. Pour certains historiens, le nombre d'or se trouve surtout dans la tête de Ghyka : à force de chercher patiemment quelque chose, on finit toujours par le trouver.

Pourquoi, dans le ventre de sa mère, l'embryon humain a-t-il une queue ?

Lorsqu'un ovule fécondé par un spermatozoïde commence son développement dans l'utérus maternel, il sait exactement, grâce à son patrimoine génétique (ADN), qu'il deviendra un bébé humain. Pourtant, au cours des premières semaines, l'embryon passe rapidement par des étapes communes avec ses ancêtres. Il commence par une cellule unique, comme les premières formes de vie sur Terre, il y a 3,5 milliards d'années. À la quatrième semaine suivant la conception, alors qu'il est gros comme un grain de riz, des ébauches de branchies apparaissent de chaque côté de la tête, comme chez les poissons. Elles se transforment rapidement pour former la base du cou, les mâchoires ou encore l'oreille externe. Une petite queue, comme chez les reptiles, apparaît à la fin de la troisième semaine et se résorbe à la huitième. Pendant la quatrième semaine, chez tous les mammifères, deux crêtes apparaissent sur le ventre, des aisselles aux aines. Des bourgeons s'y forment qui donneront les seins, puis, normalement, la crête disparaît à la sixième semaine. À la huitième semaine, l'embryon a enfin forme humaine, avec un visage, des membres, des doigts et tous les organes ébauchés. Il mesure 3 cm et pèse moins de 5 g !

Quelle différence y a-t-il entre un embryon et un fœtus ?

L'embryon correspond au développement d'un être depuis l'œuf fécondé jusqu'à la fin de la mise en place de toutes les ébauches d'organes et de l'acquisition des formes de l'espèce. Chez l'humain, l'embryon devient fœtus à la fin de la huitième semaine.

Pendant un orage, comment savoir à quelle distance la foudre s'est abattue ?

Un orage gronde au loin. Soudain, la foudre s'abat. Vous voyez d'abord sa lumière (l'éclair) puis vous entendez son bruit (le tonnerre). Boum badaboum ! Mais comment savoir à quelle distance la foudre est tombée ? Pour parcourir la distance depuis le lieu d'impact jusqu'à vos yeux, la lumière a voyagé à une vitesse proche de 300 000 km/s. Elle a donc mis une infime fraction de seconde : vous voyez l'éclair quasiment au moment même où la foudre s'abat. Le son du tonnerre, lui, va beaucoup plus lentement : à 340 m/s. Pour parcourir un kilomètre, il lui faut trois secondes. Pour connaître la distance en kilomètres d'un orage, comptez les secondes entre l'éclair et le tonnerre, puis divisez cette durée par trois. Par exemple, si 6 secondes se sont écoulées, cela signifie que l'orage se trouve à 2 kilomètres de vous.

Comment les savants ont-ils mesuré la vitesse du son dans l'air ?

Le 22 juin 1822, des savants français ont tiré un coup de canon du sommet d'une colline de Villejuif, près de Paris. À Montlhéry, situé à 18,7 km de là, d'autres savants ont aperçu la lumière de la poudre enflammée puis entendu, 55 secondes plus tard, le coup du canon. Ils en ont déduit la vitesse du son dans l'air : 340 m/s.

Si les puces avaient la taille d'un homme, à quelle hauteur sauteraient-elles ?

Spiderman, prends garde à toi ! Une puce à taille humaine pourrait sauter d'un bond du trottoir jusqu'au sommet d'un gratte-ciel de 100 étages, à 300 mètres de hauteur. À titre de comparaison, lorsqu'il saute, un homme franchit à peine plus que sa propre hauteur, un kangourou 2,5 fois sa hauteur, une grenouille 6 fois, une sauterelle 35 fois. Comment la puce fait-elle pour dépasser 150 fois sa hauteur ? Question de technologie : elle ne bondit pas grâce à ses muscles, mais à des coussinets qui se trouvent à la jonction de ses pattes et de son thorax. Ces coussinets sont faits d'une protéine très élastique, la résiline. La puce compresse ses coussinets comme des ressorts et, au moment voulu, les relâche brusquement. Ses pattes se détendent et catapultent l'insecte dans les airs. La puce n'est pas la seule à posséder de la résiline : c'est également cette matière qui permet aux sauterelles de bondir et aux abeilles de battre des ailes 200 fois par seconde. Et bientôt, des humains en auront peut-être aussi : produite artificiellement, elle constitue un caoutchouc très résistant qui pourrait être utilisé pour la fabrication de prothèses chirurgicales. Spiderman, prends vraiment garde à toi !

Quel mammifère saute le plus haut ?

Le dauphin. Certes, il triche un peu en prenant de l'élan sous l'eau, mais il monte ensuite jusqu'à 7 mètres de hauteur.

Y aura-t-il toujours du pétrole sur Terre ?

Le pétrole est une huile minérale que l'on trouve dans le sous-sol. En latin, *petraoleum* signifie d'ailleurs « huile de pierre ». Il provient de minuscules animaux et végétaux morts qui se sont accumulés au fond des océans voilà plusieurs centaines de millions d'années. Cette matière, recouverte de roches, s'est décomposée et transformée en gaz et en un liquide visqueux, le pétrole. La fabrication du pétrole a pris des millions d'années et, aujourd'hui, il ne s'en crée plus. Les réserves sont donc limitées et, puisque nous en consommons, elles seront un jour à sec. Quand ? Difficile de le prédire : dans les années 1970, les experts estimaient qu'il n'y aurait plus de pétrole en l'an 2000. Mais la découverte de nouveaux gisements et l'amélioration des techniques de forage les ont démentis. Alors, pour quand est-ce ? Aujourd'hui, les experts estiment que la production de pétrole devrait atteindre un maximum d'ici quelques années, voire quelques dizaines d'années, puis décliner irrémédiablement. La fin du pétrole pourrait survenir dans une cinquantaine d'années et celle du gaz quelques décennies plus tard.

À quoi ressemblerait un monde sans pétrole ?

Sans pétrole, plus d'essence pour les voitures, plus de kérosène pour les avions, plus de bitume pour les routes, plus de plastique ni de Nylon... Il est grand temps de penser à des solutions de rechange !

Peut-on remonter dans le temps ?

Il existe bel et bien une machine à remonter dans le temps. Elle ne permet pas de se retrouver 1 000 ans en arrière, mais de voir à quoi ressemblait l'Univers il y a 1 000 ans ou plus. Cette merveilleuse machine s'appelle un télescope. Pour comprendre pourquoi il permet de voir dans le passé, imaginez ceci : votre tante Lucette, qui habite Tombouctou, vous envoie par la poste une photo de son élevage de têtards. Si la lettre met trois semaines à aller de Tombouctou jusqu'à votre domicile, en l'ouvrant, vous verrez la tête qu'avaient les têtards il y a trois semaines. Mais qui sait si, au même moment, ils ne sont pas déjà devenus grenouilles ? Il se passe la même chose avec les astres. Si la lumière d'une étoile met 100 000 ans à nous parvenir, l'image qu'on en a dans le télescope montre la tête qu'elle avait il y a 100 000 ans. Qui sait si, depuis, elle ne s'est pas éteinte ? Plus l'astre observé est éloigné, plus sa lumière met du temps à faire le voyage, et plus on remonte dans le temps. L'observation de galaxies situées à 10 milliards d'années-lumière de nous (dont la lumière a mis 10 milliards d'années à nous parvenir), nous montre l'Univers tel qu'il était il y a 10 milliards d'années, c'est-à-dire peu après sa création.

Qu'est-ce qu'une année-lumière ?

Une année-lumière est une unité de distance ; elle correspond à la distance parcourue par la lumière dans le vide pendant une année. Une année-lumière fait 9,46 millions de millions de kilomètres.

Dans le règne animal, existe-t-il des papas poules ?

Il y a différentes façons de faire des petits. La plupart des animaux pondent des œufs, comme les oiseaux, les poissons, les reptiles ou les insectes : ils sont ovipares. Une minorité donne naissance à des petits tout faits, comme les mammifères : ils sont vivipares. Enfin, certains gardent les œufs dans leur ventre jusqu'à l'éclosion et donnent naissance à des petits, comme le requin pèlerin et le boa : ils sont ovovivipares. De nombreux animaux abandonnent leurs œufs, obligeant les petits à se débrouiller tout seuls. Mais lorsqu'ils s'en occupent, c'est généralement la femelle qui en a la charge, le mâle se contentant, au mieux, de subvenir aux besoins de sa dame. Il y a cependant quelques exceptions. Ainsi, lorsque la femelle hippocampe pond ses œufs, son cheval de mer de mari les place dans sa poche ventrale jusqu'à l'éclosion. Après quelques semaines, il expulse des dizaines de petits hippocampes. Le crapaud accoucheur mâle, lui, colle les œufs de sa femme sur son dos et les transporte en veillant à ce qu'ils gardent la bonne température. Juste avant l'éclosion, il les dépose dans une mare. Chez les oiseaux, certains mâles couvent les œufs et s'occupent des oisillons, comme les jacanas.

? Tous les animaux ont besoin d'un mâle pour se reproduire. Vrai ou faux ?

Faux. Chez les lézards *Cnemidophorus*, les femelles pondent des œufs qui, même s'ils ne sont pas fécondés par un mâle, donnent des petits. Cette reproduction sans fécondation s'appelle la parthénogenèse.

Comment les savants ont-ils su

ce qui se passait dans notre estomac ?

On avale une délicieuse tarte aux fraises et il en ressort un étron marron et malodorant. Que s'est-il passé entre-temps ? Au XVIIIe siècle, les savants savaient déjà, pour avoir ouvert le ventre de morts, que la nourriture passe par une poche (l'estomac), puis par un tuyau long de 8 m et large de 3 cm (l'intestin grêle), puis par un second tuyau de 1,6 m sur 7 cm (le gros intestin). Mais ils pensaient qu'à l'intérieur, la nourriture se contentait de pourrir. En 1752, le Français Réaumur, après avoir noté que les rapaces recrachaient une boulette faite des poils et des os de leurs proies, fit avaler à l'un d'eux un tube de fer percé de petits trous et contenant de la viande. Lorsque l'oiseau le recracha, le savant découvrit que la viande avait en partie disparu sans avoir pourri. Il recommença l'expérience avec une éponge et récupéra le liquide responsable de cela : le suc gastrique. Ses travaux furent poursuivis par l'abbé italien Spallanzani, qui expérimenta la technique sur lui-même, puis par le médecin Claude Bernard. On sait aujourd'hui que les aliments sont dégradés par les enzymes, libérant ainsi les nutriments, des éléments microscopiques qui passent à travers la paroi de l'intestin et nourrissent notre corps.

Entre son entrée et sa sortie, combien de temps un aliment reste-t-il dans notre corps ?

Il reste 2 à 7 heures dans l'estomac, 6 à 9 heures dans l'intestin grêle, 15 à 18 heures dans le gros intestin.

Si vous êtes exactement au pôle Nord magnétique, vers où se dirige l'aiguille de votre boussole ?

Tout d'abord, si vous faites l'expérience vous-même, ne vous trompez pas de pôle Nord : il y en a deux, séparés d'environ 1 900 km. Le pôle Nord géographique, intersection de la Terre avec son axe de rotation, se trouve par définition tout en haut de la Terre, par 90 ° de latitude nord. Le pôle Nord magnétique, indiqué par l'aiguille d'une boussole, se trouve quant à lui au nord du Canada. Si votre boussole désigne toujours cette direction, c'est que la Terre se comporte comme un gigantesque aimant : son noyau de fer crée un champ magnétique qui attire l'aiguille aimantée de la boussole. Le premier à avoir atteint le pôle Nord magnétique fut l'Anglais James Ross, en 1831. Alors que les navires de son expédition étaient bloqués dans les glaces au nord du Canada, il partit en exploration et suivit la direction indiquée par sa boussole. À un moment, elle n'indiqua plus ni la gauche, ni la droite, ni devant, ni derrière mais... le sol sous ses pieds. L'aiguille était verticale ! Il venait d'atteindre le pôle Nord magnétique.

Le pôle Nord magnétique change de place. Vrai ou faux ?

Vrai. Le noyau de fer en fusion au cœur de la Terre, à l'origine du champ magnétique terrestre, est en permanente évolution. Du coup, l'emplacement du pôle Nord magnétique bouge lui aussi. Il se dirige actuellement vers la Sibérie à la vitesse de 40 km par an.

L'oxygène de l'air
que nous respirons sans cesse
va-t-il s'épuiser ?

Il y a sur Terre des consommateurs d'oxygène, comme les animaux ou les humains. Voici ce qui se passe dans notre corps. Lorsque nous mangeons, nous absorbons notamment des sucres et des graisses, qui contiennent du carbone. Lorsque nous respirons, nous absorbons de l'air, qui contient de l'oxygène. Et lorsque nous faisons travailler nos muscles, le carbone (C) s'associe à l'oxygène (O_2) pour former du gaz carbonique (CO_2). Celui-ci est évacué par le sang jusqu'aux poumons, puis recraché. Normalement, depuis le temps que les hommes et les animaux respirent, il devrait y avoir de moins en moins d'oxygène dans l'air. Heureusement, il y a sur Terre des fabricants d'oxygène, comme le plancton marin ou les arbres. Voici ce qui se passe pour les arbres. En journée, les feuilles absorbent le gaz carbonique de l'air. Avec l'énergie apportée par la lumière du Soleil, elles cassent ce gaz (CO_2), rejettent de l'oxygène (O_2) dans l'air et conservent le carbone (C). Associé à de l'eau, ce carbone sert à fabriquer des sucres et du bois. Les végétaux sont ensuite mangés par des animaux ou par nous et, tôt ou tard, le carbone finit dans nos assiettes. Et la boucle est bouclée.

Comme nous, les voitures consomment de l'oxygène. Vrai ou faux ?

Vrai. Il y a dans l'essence beaucoup du carbone (C). En brûlant dans le moteur, il s'associe à l'oxygène (O_2) et forme du dioxyde de carbone (CO_2), communément appelé gaz carbonique.

Quel champignon émet des gaz après avoir mangé du sucre ?

C'est le *Saccharomyces cerevisiae*. Ce champignon microscopique – il y en a plus de 10 milliards par gramme – mange du sucre et le transforme en gaz carbonique et en alcool. Les brasseurs le connaissent sous le nom de « levure de bière » : le gaz et l'alcool produits servent à la fabrication de la bière (la cervoise des Gaulois, d'où son nom de *cerevisiae*). Les boulangers aussi l'utilisent, sous le nom de « levure du boulanger » : les gaz font gonfler le pain tandis que l'alcool s'évapore dans le four. Le *Saccharomyces cerevisiae* est l'une des 100 000 espèces de champignons. Ceux-ci sont tellement différents des plantes et des animaux que les biologistes les ont classés à part. Contrairement aux végétaux, ils ne fabriquent pas de chlorophylle : ils doivent donc, pour se nourrir, pousser sur des débris végétaux ou animaux. Pour se reproduire, ils fabriquent des « spores » qui s'envolent au vent et qui, s'ils atterrissent sur un repas qui leur convient, se développent. Outre les 4 000 espèces de gros champignons (bolet, girolle, morille…), les champignons comprennent aussi les moisissures (du roquefort ou d'une vieille pêche), les levures et les agents responsables de maladies des plantes (mildiou, rouille…) ou des mycoses de l'homme.

Les champignons de Paris viennent-ils de Paris ?

Le sous-sol parisien est truffé de carrières. Au début du XIXe siècle, l'agronome Chambry eut l'idée d'y mettre du fumier et d'y faire pousser des champignons, qui ont été appelés champignons de Paris mais qui aujourd'hui n'y poussent plus.

En quoi un poste de radio, un four à micro-ondes et un œil humain sont-il cousins ?

Tous trois fonctionnent grâce aux ondes électromagnétiques. Électro-quoi ? Magnétiques ! Ces ondes forment une grande famille dont on connaît les membres, mais sous d'autres noms. Ce qui les différencie, c'est leur fréquence : elles peuvent osciller comme ceci , ou à une fréquence plus faible , ou à une fréquence plus élevée . Les ondes électromagnétiques dont la fréquence est la plus faible sont appelées, dans le langage courant, « ondes radio » : ce sont celles que captent nos radios, nos télévisions et nos téléphones portables. Viennent ensuite, avec une fréquence un peu plus élevée, les micro-ondes utilisées dans les fours du même nom pour chauffer les aliments. Avec une fréquence encore plus élevée, suivent les infrarouges, émis par les corps chauds. Puis vient le membre le plus connu de la famille : la lumière visible, avec dans l'ordre le rouge, l'orange, le jaune, le vert, le bleu et le violet. Au-delà, on retombe dans l'invisible avec les ultraviolets, responsables des coups de soleil. Encore plus énergétiques, suivent les rayons X, capables de traverser notre chair, et enfin les dangereux rayons gamma. Ondes radio, micro-ondes, infrarouges, lumière visible, ultraviolets, rayons X et rayons gamma sont donc tous des cousins.

Les ondes électromagnétiques voyagent dans le vide. Vrai ou faux ?

Vrai, et heureusement ! Sinon, la lumière produite par le Soleil serait incapable de venir nous éclairer sur Terre.

Aurez-vous **assez de mémoire** pour retenir la liste de chiffres suivante : 1, 3, 8, 4, 6, 9, 2, 0 ?

Oui ? Alors répétez-la sans vous tromper ! Normalement, vous devriez y parvenir grâce à votre mémoire à court terme. Il existe en effet plusieurs sortes de mémoire. Celle à court terme sert à retenir une quantité limitée d'informations pendant un temps limité : un numéro de téléphone à composer immédiatement, les prénoms de trois personnes que vous ne connaissez pas, une liste de chiffres pour un petit test... Mais après une minute, elle s'efface. Si le numéro de téléphone est important, vous devez l'inscrire dans votre mémoire à long terme. Pour cela, deux solutions : le répéter jusqu'à le retenir par cœur ou bien faire des associations d'idées. Par exemple, s'il contient les nombre 39 et 45, pensez à la Seconde Guerre mondiale. La mémoire à long terme contient tout le savoir appris (les tables de multiplication), les souvenirs (les dernières vacances) ou encore des séries de gestes (faire du vélo). Cela représente une immense quantité d'informations qui se conserve pendant des années. Au fait, vous souvenez-vous toujours de la liste de chiffres du début ?

Combien notre cerveau a-t-il de neurones ?

Notre cerveau est constitué d'environ 100 milliards de cellules, les neurones, dont chacune est connectée à plusieurs dizaines de milliers d'autres. À partir de l'âge de 20 ans, 50 000 neurones meurent chaque jour sans être remplacés. Mais vu le nombre restant, ce n'est pas bien grave.

Pourquoi les abeilles dansent-elles ?

Un jour du printemps 1919, le zoologiste Karl von Frisch plaça une coupelle d'eau sucrée sur une table et, alors qu'une abeille s'y posait, traça un point de peinture sur son dos. L'abeille retourna dans sa ruche, y régurgita un peu d'eau sucrée, puis se mit à exécuter une curieuse danse. Elle avança en frétillant, décrivit un demi-cercle à gauche pour revenir à son point de départ, frétilla à nouveau, puis fit un demi-cercle à droite. Aussitôt, ses congénères devinrent très excitées et, après quelques minutes, s'envolèrent droit vers la coupelle. Von Frisch recommença en changeant la position de l'eau sucrée et nota les nouveaux pas de danse. Il découvrit ainsi que l'orientation et la fréquence des frétillements indiquaient la direction du butin par rapport au Soleil et sa distance par rapport à la ruche. Avec quelques subtilités : lorsque la distance était inférieure à 25 m, l'éclaireuse ne dessinait pas un huit mais un cercle. En 1988, des chercheurs allemands et danois mirent au point un mini-robot capable de reproduire la danse des abeilles. Grâce à des chorégraphies appropriées, ils parvinrent à envoyer les abeilles là où ils le voulaient !

Comment les baleines communiquent-elles ?

Si les abeilles dansent, les baleines chantent. Leurs cris, constitués de sons et d'ultrasons, se propagent dans l'eau à plus de 1 000 km de distance.

Le Soleil s'éteindra-t-il un jour ?

Le Soleil est comme une bougie : tant que la bougie a de la matière à brûler, elle reste allumée. Dès qu'elle n'en a plus, elle s'éteint. Donc oui, le Soleil s'éteindra un jour. Notre étoile est une énorme boule de gaz, essentiellement constituée d'hydrogène et d'hélium. En son cœur surchauffé se produisent des réactions nucléaires naturelles : les noyaux d'hydrogène fusionnent entre eux pour former des noyaux d'hélium. Cette réaction produit une quantité de chaleur faramineuse (au cœur du Soleil, il fait 15 millions de degrés !). La chaleur voyage ensuite vers la surface de l'astre, où elle est transformée en lumière. C'est elle qui nous éclaire chaque jour. Le carburant qui maintient le Soleil allumé est donc l'hydrogène. Lorsqu'il se sera entièrement transformé en hélium, notre étoile s'éteindra. Mais pas d'inquiétude : les experts estiment qu'une étoile de la taille du Soleil a une durée de vie d'environ 10 milliards d'années. Comme le Soleil existe depuis 5 milliards d'années, il lui en reste autant à briller. Inutile donc de préparer vos affaires pour filer dans un autre système solaire !

Quelle quantité de lumière est produite à la surface du Soleil ?

Chaque centimètre carré à la surface du Soleil produit autant de lumière que 500 000 bougies.

Comment des pinsons ont-ils permis de comprendre que l'homme descendait du singe ?

En 1835, le biologiste anglais Charles Darwin arriva aux Galapagos, îles isolées de l'océan Pacifique. Il s'intéressa aux tortues géantes qui s'y trouvaient, aux iguanes et surtout aux oiseaux. Il y a là en effet treize espèces différentes de pinsons – il ne s'agit pas exactement de pinsons, mais cela n'a pas d'importance. Treize espèces dans un minuscule archipel, c'est énorme ! L'une d'elles casse des graines avec son gros bec, une autre utilise des épines de cactus pour dénicher des larves, une troisième mange des insectes... Bien plus tard, Darwin imagina qu'à l'origine il y avait une seule espèce, venue d'Amérique du Sud. Les pinsons s'étaient multipliés et adaptés à ce qu'ils trouvaient sur chaque île. C'est ainsi qu'ils avaient évolué et formé de nouvelles espèces. Le biologiste s'en inspira pour écrire *L'Origine des espèces par la sélection naturelle*, paru en 1859. Plus tard, il développa dans *La Descendance de l'homme* et dans *L'Expression des émotions chez l'homme et les animaux* la théorie qui était implicite dans *L'Origine des espèces* : « L'homme descend du singe. »

Aujourd'hui encore, certains refusent de croire aux théories de Darwin. Vrai ou faux ?

Vrai. Malgré l'accumulation de preuves, les « créationnistes » refusent d'admettre que les êtres vivants évoluent sans cesse depuis trois milliards d'années. Leurs raisons ? Une lecture littérale de la Bible, selon laquelle Dieu a créé la Terre, le Soleil, les animaux et l'homme en six jours, il y a environ six mille ans...

Existe-t-il un **sixième sens** ?

Oui, et même un septième, et un huitième… Les sens sont les organes qui nous donnent des informations sur le monde extérieur. Les cinq sens les plus connus sont bien sûr la vue, l'ouïe, l'odorat, le goût et le toucher. Mais il y en a d'autres. Nous autres, êtres humains, sommes par exemple dotés du sens de la « proprioception ». Ce mot barbare signifie que notre corps sait, à partir des informations fournies par les muscles et les articulations, quelle est sa position par rapport au milieu extérieur, et ceci même les yeux fermés. Ce sens est très développé chez les gymnastes qui, après une série de pirouettes sens dessus dessous, savent parfaitement où se trouve le sol et comment retomber dessus. Certains animaux possèdent d'autres sens que nous n'avons pas : ainsi les pigeons et les baleines ont-ils dans le cerveau des micro-aimants qui leur indiqueraient la direction du nord. Quant au poisson-éléphant d'Afrique, il vit dans des eaux boueuses et sans visibilité. Pour savoir ce qui l'entoure, il émet des petites décharges électriques qu'il capte ensuite avec son museau en forme de trompe. Si un ver passe à proximité, cela modifie le champ électrique. Le poisson-éléphant sait alors que son dîner est servi.

? Comment le serpent à sonnette détecte-t-il ses proies ?

Le serpent à sonnette possède deux détecteurs à infrarouge, un de chaque côté de la tête. Ils lui permettent de percevoir la chaleur d'une souris ou d'un écureuil, même dans l'obscurité complète.

Du temps des dinosaures,
quelle était la durée d'une journée sur Terre ?

Il y a 200 millions d'années, une journée durait environ 23 heures. Bien sûr, à l'époque, il n'y avait aucun humain sur Terre pour le vérifier et les dinosaures n'avaient pas de montres : ce sont les modélisations sur ordinateur qui l'affirment. Pourquoi les journées ont-elles rallongé depuis ? La succession des jours et des nuits est due à la rotation de notre planète sur elle-même. Aujourd'hui, comme elle fait un tour complet en 24 heures, une journée dure 24 heures. Le problème, c'est que la Terre tourne de plus en plus lentement sur elle-même. Les marées sont l'une des raisons à cela : la force de gravité de la Lune et du Soleil est responsable d'importants déplacements d'eau dans les océans. Or, le frottement de l'eau au fond des mers peu profondes entraîne une friction qui ralentit la rotation de la Terre. C'est très faible, mais régulier. Voilà pourquoi, il y a 200 millions d'années, les journées duraient 23 heures et, dans 200 millions d'années, elles dureront 25 heures.

Combien de temps a duré la journée du 31 décembre 2005 ?

Elle a duré 24 heures et 1 seconde ! Comme la Terre tourne de moins en moins vite, une seconde intercalaire a été rajoutée ce jour-là pour que l'heure sur nos montres continue à correspondre avec celle définie par la position des étoiles.

Avec un seul litre d'essence, quelle distance maximale peut parcourir une voiture ?

Chaque année a lieu une curieuse compétition. Des dizaines d'équipes se retrouvent sur des circuits automobiles européens pour participer à un éco-marathon. Dans le réservoir de chaque voiture : un litre d'essence, pas une goutte de plus. Et roulez bolide ! Le vainqueur n'est pas celui qui va le plus vite, mais le plus loin. Pour y parvenir, les équipes, souvent formées de lycéens ou d'étudiants, redoublent d'imagination pour concevoir des engins plus aérodynamiques qu'un savon, plus légers qu'une plume et munis d'un moteur plus sobre qu'un dromadaire. À ce petit jeu, en 2003, les étudiants du lycée technique La Joliverie de Nantes ont parcouru 3 794 km ! À titre de comparaison, avec la même quantité d'essence, une voiture classique parcourrait une quinzaine de kilomètres... Mais une nouvelle technologie permet de faire désormais encore mieux : la pile à hydrogène. Elle transforme de l'hydrogène en électricité, qui fait tourner le moteur de la voiture. En juin 2005, avec 1,75 gramme d'hydrogène, soit l'équivalent en énergie d'un litre d'essence, un véhicule de l'école Polytechnique de Zurich a parcouru 5 385 km. À suivre...

Avec un litre d'essence, quelle distance peut parcourir une formule 1 ?

Une F1, qui consomme en moyenne 60 litres pour faire 100 km, parcourt avec un litre environ 1,6 km ...

Quelle herbe peut pousser d'un mètre par jour ?

Les bambous. Pour les botanistes, les bambous ne sont en effet pas des arbres : ils font partie de la famille des graminacées, comme le blé et l'orge. Ce sont donc des herbes, et une forêt de bambous devrait s'appeler une... prairie ! Il existe 1 200 espèces de bambous différentes, réparties sur tous les continents sauf l'Europe et l'Antarctique. Certaines espèces poussent d'un mètre par jour, soit plus d'un demi-millimètre par minute : un record dans le monde végétal. D'autres atteignent trente mètres de haut, la hauteur d'un immeuble de 10 étages. La solidité des chaumes en fait un matériau très utile pour la fabrication des maisons, des meubles, des échafaudages, des cannes à pêche, des flèches... En Chine et en Inde, le bambou est de plus en plus utilisé pour faire de la pâte à papier. Comme il pousse très vite et, une fois coupé, repousse comme de la mauvaise herbe, c'est plus écologique que de déboiser des forêts. En Europe, certains filtres à café sont déjà fabriqués à partir de pâte à papier contenant du bambou.

? Les bambous fleurissent. Vrai ou faux ?

Vrai, mais la floraison des bambous est une énigme pour les botanistes : imprévisible, irrégulière, elle a lieu, pour une espèce donnée, au même moment dans toute une région, voire sur toute la planète, quel que soit l'âge des plantes. Les chaumes sèchent ensuite et meurent.

Existe-t-il des odeurs sans odeur ?

Soudain, vous relevez la tête : à l'autre bout de la maison, une tarte aux pommes cuit dans le four. Comment l'avez-vous su ? Question de flair ! La tarte aux pommes est faite de molécules, qui sont des grappes microscopiques de matière. Dans le four, ces molécules s'échauffent et certaines, plus légères, s'envolent dans les airs. Invisibles, elles remplissent la cuisine puis l'appartement, jusque dans votre nez. Là, des capteurs les détectent et envoient un signal électrique à votre cerveau : odeur de tarte aux pommes ! Chez les animaux, l'odorat est encore plus développé que chez l'homme : pour beaucoup d'entre eux, c'est même le premier des sens. Le nez d'un chien détecte des odeurs mille fois plus diluées que le nôtre. Mieux, les animaux communiquent souvent entre eux grâce à des odeurs très diluées et inodores : les phéromones. Ce sont des hormones détectables à plusieurs kilomètres. Un papillon en émet pour indiquer qu'il cherche un partenaire sexuel. Un puceron attaqué en émet d'autres pour prévenir ses copains. Un chien qui urine en dépose pour dire aux cabots du coin : « Vous êtes chez moi ! »

Les humains émettent-ils des phéromones ?

Les scientifiques pensent que oui, mais l'homme a un odorat tellement atrophié qu'on ne sait pas s'il est encore capable de les détecter. Le geste du nouveau-né qui se tourne naturellement vers le sein de sa mère pourrait être dû à des phéromones.

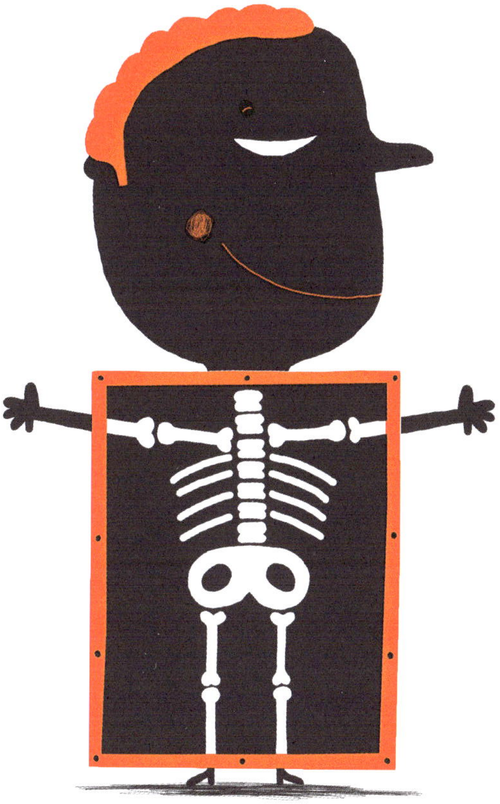

Qui a le plus d'os :
un enfant ou un adulte ?

Dans ce match, c'est l'enfant qui gagne. Un bébé naît avec environ 300 os mous. Ensuite, à mesure qu'il grandit, ses os durcissent et certains se soudent. Ainsi, en bas de la colonne vertébrale, les quatre dernières vertèbres se collent entre elles pour ne plus former qu'un seul os : le coccyx. Lorsque toutes les soudures sont finies, à l'âge de 20 ou 25 ans, il reste en général 206 os distincts à un adulte. Ceux des mains et des pieds représentent plus de la moitié de l'effectif : 26 pour un pied, 27 pour une main. Viennent ensuite les vertèbres (24), les côtes (24), la tête (22)... Mais, comme personne n'est parfait, tous les adultes n'ont pas 206 os. Certains en ont un de moins au petit orteil alors que d'autres ont une vertèbre en plus. Et des bébés naissent parfois avec un doigt en trop à une main ou à un pied : cela s'appelle la polydactilie. C'est un peu gênant pour apprendre à compter sur les doigts, mais ce n'est pas grave et ça s'opère.

Quel est l'os le plus long et l'os le plus court du corps humain ?

L'os le plus long est le fémur, qui se trouve dans la cuisse : celui d'un homme de 1, 80 m mesure 50 cm. L'os le plus court est l'étrier, l'un des trois os de l'oreille interne : il mesure en moyenne 3 mm.

Quel fil naturel est cinq fois plus résistant que l'acier ?

Le fil des toiles d'araignées. C'est une matière vraiment extraordinaire : produite sous forme liquide par des glandes de l'araignée, elle passe par des filières situées à l'arrière de l'abdomen. Il en ressort un fil de quelques centièmes de millimètres de diamètre, qui se solidifie ensuite. En fonction de l'usage qu'elle veut en faire (une toile, son nid…), l'araignée produit jusqu'à sept sortes de fil, plus ou moins élastiques, plus ou moins collants. Dans le passé, ces fils fins et résistants ont été utilisés pour la fabrication de tapis précieux et de viseurs d'instruments d'optique. Aujourd'hui, ils pourraient servir à confectionner des gilets pare-balles et du fil de suture. Mais comment en produire en grande quantité ? Les tentatives d'élevage d'araignées ont échoué : les ogresses se dévoraient entre elles. Dans les années 1990, après avoir observé une similitude entre les glandes des araignées et celles des chèvres, la société canadienne Nexia est parvenue à modifier génétiquement des biquettes pour qu'elles produisent, dans leur lait, la protéine servant à fabriquer le fil. Mais la qualité et la quantité du fil ainsi produit sont encore loin des espérances.

? Certaines araignées tissent leur toile sous l'eau. Vrai ou faux ?

Vrai. L'argyronète tisse entre les plantes aquatiques un dôme qu'elle remplit ensuite d'air. Cachée là, elle capture les larves aquatiques qui passent à proximité.

Combien de temps met la lumière du Soleil pour atteindre la Terre ?

La lumière du Soleil met environ 8 minutes pour parcourir les 150 millions de kilomètres jusqu'à la Terre. Elle se propage donc dans le vide à près de 300 000 km par seconde. C'est une vitesse très rapide, mais pas infinie. Pourtant, on a longtemps cru que sa transmission était instantanée. Comment a-t-on réalisé que c'était faux ? La découverte revient à l'astronome danois Olaüs Römer, qui travailla à partir de 1672 à l'Observatoire de Paris. Il y observait les éclipses de Jupiter : lorsque la lune Io passe dans l'ombre de la planète géante, elle disparaît temporairement de l'oculaire des télescopes. Le moment des disparitions et des réapparitions avait été déterminé par le calcul, mais l'éclipse avait rarement lieu à l'instant prédit. « L'éclipse se produit toujours en retard lorsque la Terre et Jupiter sont très éloignées l'une de l'autre, remarqua Römer. Si on suppose que la vitesse de la lumière n'est pas infinie, alors tout s'explique : le retard est dû au temps que met la lumière à faire le trajet jusqu'à la Terre. » Le Danois en déduisit la vitesse de la lumière et calcula que l'éclipse du 9 novembre 1676 aurait lieu avec 10 minutes de retard. Une prédiction qui se réalisa parfaitement...

? En 1977, la sonde Voyager 1 est allée plus vite que la lumière. Vrai ou faux ?

Faux. Rien ne peut aller plus vite que la lumière dans le vide. Lancée à la vitesse de 54 000 km/h, Voyager 1 voyageait 20 000 fois moins vite que la lumière...

Les animaux ont-ils des dents de lait ?

Lorsqu'ils sont petits, la plupart des mammifères ont des dents de lait. Mieux adaptées à leurs petites mâchoires, elles sont ensuite remplacées par les dents définitives. Chez le chat, elles poussent à un mois et tombent vers quatre mois. Il y a cependant des exceptions parmi les mammifères : les rongeurs, comme la chauve-souris ou la musaraigne, naissent directement avec leurs dents permanentes. Ils ont perdu leurs dents de lait alors qu'ils étaient dans le ventre de leur maman ! La dentition des mammifères adultes dépend de ce qu'ils mangent. Il existe trois sortes de dents : les incisives, les canines et les molaires. Les chiens et les lions, carnivores, ont de belles canines pour bloquer et déchiqueter leurs proies. Les chevaux et les vaches, herbivores, ont de grandes incisives pour arracher l'herbe et des molaires pour la broyer, mais aucune canine. Quant aux rongeurs, leurs incisives poussent toute leur vie. Normalement, un humain a 24 dents de lait puis 32 dents définitives. Mais, au cours de l'évolution, notre régime alimentaire s'est modifié et notre mâchoire a rétréci. Aujourd'hui, nombreux sont ceux chez qui les dents de sagesse ne poussent pas.

Les requins ont-ils des dents de lait ?

Les poissons et les reptiles n'ont pas de dents de lait, mais plusieurs rangées de dents. Lorsqu'une dent se casse, celle de la rangée suivante vient la remplacer.

Dans les années 1960, quel procédé la Nasa a-t-elle développé pour nourrir ses astronautes ?

Dans une capsule spatiale, l'espace est compté. Dès les premiers vols spatiaux, pour réduire au maximum le volume de nourriture embarquée, la Nasa a développé une technique inventée en 1906 par les physiciens français Arsonval et Bordas : la lyophilisation. Il s'agit de retirer l'eau d'un aliment en le congelant. Eh oui : on le sèche par le froid ! Pour lyophiliser de la soupe, par exemple, on la met dans un congélateur à – 40 °C et on attend qu'elle se transforme en glaçon. Ensuite, on retire tout l'air contenu dans le congélateur à l'aide d'une pompe à vide. L'eau du glaçon de soupe passe alors directement de l'état de solide à l'état de vapeur, sans passer par l'état liquide. On dit qu'il y a sublimation. Lorsque toute l'eau a disparu, il ne reste plus qu'un bloc de légumes secs semblable à une éponge, qu'on broie et met dans un sachet. La lyophilisation a l'avantage de préserver les nutriments, les vitamines et le goût des aliments. Et en route pour l'espace ! Là-haut, il suffit de rajouter de l'eau chaude pour obtenir une bonne soupe. Actuellement, sur Terre, la lyophilisation sert notamment à fabriquer le café soluble.

Comment fabrique-t-on la purée en flocons ?

La lyophilisation coûte cher. Pour faire de la purée en flocons, on utilise une technologie plus économique : la déshydratation. L'eau est alors enlevée de manière classique, en chauffant la purée à haute température.

Pourquoi naît-on droitier ou gaucher ?

Au début du XXe siècle, 3 % des Français étaient gauchers. Mais on obligeait alors les écoliers à écrire de la main droite. Aujourd'hui, où chacun utilise la main qu'il veut, ils sont environ 13 %. Mais les gauchers ne seront sans doute jamais aussi nombreux que les droitiers. Depuis toujours, une majorité d'hommes semble privilégier la main droite : dans les grottes préhistoriques, déjà, l'*homo sapiens* utilisait sa main droite, plus habile, pour peindre le contour de sa main gauche sur le mur. Le choix d'une main de préférence semble liée aux gènes : deux parents gauchers ont 2,5 fois plus de chances d'avoir un enfant gaucher que deux parents droitiers. Mais l'environnement joue aussi. Être gaucher ou droitier influe-t-il sur nos capacités ? Peut-être. La moitié gauche de notre corps est gérée par la moitié droite du cerveau. Or, en général, cet hémisphère est plutôt spécialisé dans la perception des formes et de l'espace. Et la moitié droite de notre corps est gérée par l'hémisphère gauche du cerveau, spécialisé dans le langage et le calcul. Ce n'est donc peut-être pas un hasard s'il y a plus de gauchers que la moyenne parmi les tennismen et les architectes, et moins parmi les scientifiques.

Quelle est l'origine du mot « sinistre » ?

Sinistre vient du latin *sinister* qui veut dire « gauche ». Les expressions liées à la gauche sont souvent négatives (« être gauche », « se lever du pied gauche ») contrairement à celles liées à la droite (« la dextérité », « être adroit »).

Comment sait-on à quelle époque vivaient les dinosaures ?

On le sait grâce à la géologie, qui est l'étude des roches de la croûte terrestre. En simplifiant beaucoup, on peut comparer ladite croûte à un mille-feuilles, dont chaque feuille est une couche rocheuse (appelée strate) : les plus anciennes ont été recouvertes par les plus récentes, elles-mêmes recouvertes par de plus récentes... En notant que tel fossile de plante ou d'animal se trouvait dans telle couche, les géologues ont reconstitué l'histoire de notre planète et l'évolution de la vie. Ils ont ainsi établi une sorte de calendrier, dont les mois sont appelés « ères » : il y a l'ère précambrienne, où la vie était très rare ; l'ère primaire, avec le développement des premiers animaux marins puis terrestres ; l'ère secondaire, où régnaient un climat tropical et les dinosaures ; l'ère tertiaire, avec un refroidissement et l'expansion des mammifères ; et finalement l'ère quaternaire, peu différente de la précédente, si ce n'est l'apparition des hommes. Chaque ère est divisée en plusieurs périodes : l'ère secondaire est ainsi divisée en Trias, Jurassique et Crétacé. Les propriétés nucléaires des roches ont permis de savoir que cette ère a commencé il y a 204 millions d'années pour s'arrêter il y a 65 millions d'années.

Est-ce un hasard si dans Jurassique il y a le mot Jura ?

Les premières roches de cet âge géologique ont été étudiées dans la région montagneuse du Jura. Elles ont donc naturellement été baptisées jurassiques.

Le soir, quand vous vous endormez, combien êtes-vous en réalité dans votre lit ?

Des millions ! Il y a vous et vos invités, les acariens. Ce sont des bestioles microscopiques, invisibles à l'œil nu, de la même famille que les araignées. Ceux qui squattent nos lits sont dits « dermatophagoïdes ». Comprenez : ils mangent de la peau. Laquelle ? La nôtre, bien sûr. Chaque jour, un adulte perd en moyenne 1,5 g de peaux mortes, largement de quoi nourrir le troupeau qui vit à nos côtés. En eux-mêmes, les acariens ne sont pas dangereux. Mais certaines personnes peuvent développer des allergies : au réveil, ils ont le nez qui coule, les yeux larmoyant ou encore des démangeaisons. Ils ne sont pas allergiques directement aux acariens, mais à leur crottes. Eh oui, un lit n'est pas seulement la salle à manger des acariens... Pour lutter contre la prolifération des envahisseurs, quelques trucs simples : comme ils aiment vivre au chaud (26 à 32 °C dans le matelas), ne surchauffez pas la chambre (18 ou 19 °C maximum). Comme ils aiment vivre dans l'humidité, aérez chaque jour la chambre et le lit. Changez les draps souvent et passez l'aspirateur sur le matelas. Et, éventuellement, utilisez une housse anti-acariens.

D'où vient la poussière domestique ?

Qu'on vive fenêtres ouvertes ou fermées, la poussière revient toujours. La majorité d'entre elle (80 %) provient de nos propres petites peaux mortes, plus ou moins mangées par les acariens.

Qui a la plus longue durée de vie : un client de supermarché ou son sac plastique ?

Le sac plastique. Un sac, c'est une seconde pour le fabriquer dans une usine, vingt minutes d'utilisation entre le supermarché et la maison, un à quatre siècles pour se détruire s'il est jeté dans la nature. Sur les 500 milliards de sacs distribués chaque année dans le monde, nombreux sont ceux qui finissent au bord de la route ou sur une plage. Selon l'association écologiste WWF, 122 millions de sacs sont ainsi présents en permanence sur le littoral français. C'est du pétrole gaspillé et c'est mauvais pour la nature : des dauphins confondent souvent les sacs flottant dans la mer avec des méduses et les avalent. Que faire ? D'abord, lorsqu'un sac est vraiment nécessaire, comme pour transporter un kilo de cerises, on peut utiliser un sac biodégradable : il n'est pas fait de plastique mais d'amidon de maïs. Un tel sac, s'il est malencontreusement jeté dans la nature, est « mangé » en quelques mois par les champignons ou les bactéries. Ensuite, à la caisse des supermarchés, il vaut mieux utiliser des grands cabas très solides qui, même s'ils sont en plastique, peuvent être réutilisés un très grand nombre de fois. Pour la nature, c'est mieux !

Les sacs en papier recyclé sont-ils écologiques ?

Pas tant que ça... Il est vrai qu'ils permettent de recycler les vieux cartons et papiers, mais leur fabrication puis leur élimination coûtent plus cher en énergie, en eau et en gaz à effet de serre que les sacs en plastique classiques.

Mais où sont passées les feuilles des cactus ?

Il n'est pas facile de survivre dans un désert, surtout lorsqu'on ne peut pas se déplacer pour chercher de l'eau au puits. Pour y parvenir, les plantes ont développé différentes astuces. Les cactus, dont les 2 500 espèces sont originaires du continent américain, sont les champions de la discipline. D'abord, pour récupérer la moindre gouttelette d'eau du sous-sol, leurs racines ont un volume dix à quinze fois plus important que leur partie aérienne – c'est quinze fois plus que pour une plante normale. Ensuite, pour stocker cette eau, ils ont dans leur tige un suc qui sert de citerne. À cause de ce *suc*, les cactus sont appelés plantes *succulentes*, et ça n'a rien à voir avec leur goût ! Autre technique de survie : pour éviter de perdre de l'eau par évaporation, ils sont couverts d'une couche de cire, et les stomates par lesquels ils respirent ne s'ouvrent que la nuit. Enfin, toujours pour limiter la transpiration, ils ont réduit la taille de leurs feuilles au strict minimum : des petites pointes, les épines, qui servent également à se protéger des animaux et à capter l'eau de la rosée.

Combien d'eau peut contenir un cactus ?

Les cactus géants Saguaro, originaires d'Arizona, ont une forme de chandelier à plusieurs branches. Ils atteignent 17 m de haut et contiennent jusqu'à 3 tonnes d'eau.

Dans quelles circonstances la planète Cérès a-t-elle disparu ?

Observatoire de Sicile, la nuit du 1er janvier 1801. Alors qu'il recherche une étoile au télescope, Giuseppe Piazzi observe un curieux objet céleste. Comme il se déplace par rapport aux étoiles, ce n'en est pas une. L'astronome pense alors à une comète, l'observe plusieurs nuits de suite, la baptise Cérès, du nom de la déesse protectrice de la Sicile, et annonce sa découverte aux autres astronomes. Bien vite, ils se rendent compte que le mystérieux objet n'est pas non plus une comète : son orbite est trop circulaire pour cela. L'objet ne peut donc être qu'une planète ! Une nouvelle planète, large de 950 km et située entre Mars et Jupiter. Dans les années qui suivent, trois planètes similaires, bien que plus petites, sont découvertes au même endroit : Pallas, Junon et Vesta. Puis bien d'autres, quelques décennies après. Ces cailloux, trop nombreux et trop petits, ne peuvent dès lors plus conserver le noble statut de planète. À partir de 1850, Cérès, Pallas, Junon et Vesta sont déclassées et appelées astéroïdes. Aujourd'hui, plus de cent mille cailloux semblables ont été recensés entre Mars et Jupiter. Ils forment la « ceinture d'astéroïdes ».

Pluton est-elle une planète ?

Après sa découverte en 1930, Pluton a été considérée comme une planète. Mais l'objet est petit et peu dense, et les astronomes en ont détectés d'autres similaires au-delà de Neptune. Il se pourrait donc qu'un jour Pluton, comme Cérès, rétrograde du rang de planète à celui d'astéroïde.

Pourquoi le **koala dort-il** vingt heures par jour ?

Le temps de se réveiller, d'ouvrir les yeux, d'aller chercher sa nourriture, de l'avaler, et hop ! c'est l'heure de retourner se coucher. Si le koala se dépense si peu, c'est justement à cause de sa nourriture. Vivant dans les forêts d'Australie, il mange essentiellement de l'eucalyptus. Or les feuilles de cet arbre contiennent très peu de calories, c'est-à-dire très peu d'énergie. Le koala doit donc éviter les efforts superflus s'il ne veut pas vivre au-dessus de ses moyens. Et c'est ce qu'il fait : assis sur une branche, il dort, il dort, il dort. Par chance, il n'a pas à descendre des arbres pour aller boire. Comme les feuilles d'eucalyptus sont constituées à 50 % d'eau, lorsqu'il mange son kilo de feuilles quotidien, c'est comme s'il buvait un demi-litre d'eau. En langue aborigène, koala signifie d'ailleurs « qui ne boit pas ». Parmi les autres gros dormeurs du monde animal, on trouve le paresseux et l'opossum (environ 20 heures), le maki (16 heures), le hamster et l'écureuil (14 heures) et le chat (13 heures).

Certains marsouins ne dorment jamais. Vrai ou faux ?

Vrai. Une moitié de leur cerveau dort pendant que l'autre est éveillée. Ainsi ne sont-ils jamais tout à fait endormis. Plutôt nécessaire quand on passe sa vie sous l'eau et qu'il faut bien respirer de temps en temps...

Pourquoi, pour se laver les mains, l'eau ne suffit-elle pas ?

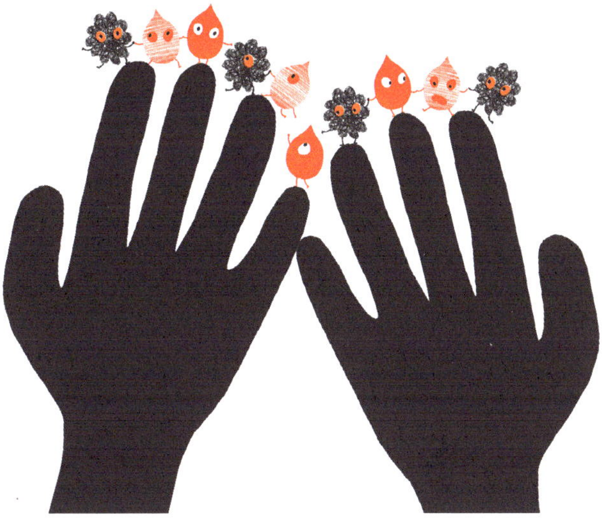

Votre vélo a déraillé et vous avez de l'huile plein les mains. En les lavant avec seulement de l'eau, il ne se passe rien. Pourquoi ? Pour le savoir, faisons-nous aussi petit que les molécules, les grappes microscopiques qui constituent la matière. L'huile est formée de molécules d'huile : ce sont elles qui salissent vos mains. L'eau est formée de molécules d'eau. Malheureusement, molécules d'huile et molécules d'eau se détestent. Du coup, l'eau glisse sur l'huile sans s'accrocher et vos mains sont toujours aussi sales. Heureusement, il y a le savon. Lui aussi est constitué de molécules. Celles-ci ressemblent à des épingles avec, d'un côté, une tête qui adore l'eau et, de l'autre, une queue qui adore l'huile. En vous lavant les mains huileuses avec du savon, la queue des molécules de savon s'accroche sur les molécules d'huile. Puis des molécules d'eau s'accrochent à l'autre bout des molécules de savon. Cela forme des chaînes de molécules (huile-savon-eau) qui partent dans l'évier. Et savez-vous comment s'appelle le fait d'associer des molécules entre elles ou au contraire de les casser ? De la chimie ! Eh oui, c'est aussi simple que ça…

Quand fait-on de la chimie dans une cuisine ?

Lorsqu'une mayonnaise prend, qu'un gâteau gonfle, qu'un blanc d'œuf durcit, ce sont toujours des molécules qui s'associent, se cassent ou les deux. C'est donc de la chimie.

Combien notre langue peut-elle détecter de goûts différents ?

Le goût de la cerise, du chocolat, de la soupe aux choux... Une infinité de goûts ? Non, les saveurs que notre langue peut distinguer se comptent sur les doigts de la main – d'une seule main. Notre langue est recouverte de 3 000 à 4 000 papilles, qui sont des petits reliefs. On a l'habitude de dire que celles situées à l'avant seraient plutôt sensibles au salé et au sucré. Celles sur les côtés, aux saveurs acides. Et celles à l'arrière, à l'amertume. Voilà pourquoi on a tendance à tirer la langue en mangeant une endive cuite ! Salé, sucré, acide et amer, cela fait quatre saveurs. Et le goût de la cerise, alors ? En réalité, ce n'est pas un goût. Votre langue peut juste dire si elle sucrée ou salée. Le reste, c'est votre nez qui le fait : en mangeant, vous respirez et votre odorat reconnaît s'il s'agit d'une cerise, d'une pomme ou d'une fraise. Pour vous en convaincre, faites l'expérience suivante : bouchez-vous le nez et sucez un bonbon au hasard. Vous serez incapable d'en dire le parfum. Débouchez-vous le nez : tiens, de la cerise !

Il existerait un cinquième goût. Vrai ou faux ?

Vrai. En 1908, en mangeant un bouillon d'algues, le professeur japonais Kikunae Ikeda identifia une nouvelle saveur qu'il appela *umami*, « savoureux », qui correspondrait au glutamate de sodium. Lorsqu'ils y ont goûté, hommes et animaux ont tendance à en redemander. Pas étonnant que les fabricants d'aliments aiment mettre cet additif dans leurs plats...

Où et quand aura lieu
le prochain tremblement de terre ?

Impossible de le dire : les tremblements de terre sont imprévisibles. Les sismologues ne se croisent pourtant pas les bras. Ils ont ainsi découvert que les séismes étaient dus au déplacement des plaques qui forment la croûte terrestre. Elles bougent de quelques centimètres par an mais, comme les plaques voisines frottent l'une contre l'autre, il ne se passe rien pendant plusieurs années de suite, puis, d'un coup, elles se déplacent de plusieurs dizaines de centimètres : c'est le séisme. Sachant cela, les sismologues tentent des prévisions à long terme. D'abord sur le lieu des séismes : ils se produisent de préférence à la jonction entre deux plaques. Le Japon, l'Indonésie, la Californie sont dans des zones à risques. Ensuite sur les « chances » de séismes : si, à un endroit, il s'en produit un violent tous les 20 ans et qu'il n'y en a pas eu depuis 30 ans, il devrait s'en produire un prochainement. Pour des prédictions à court terme, les savants recherchent dans le sol des courants électriques annonciateurs, des ondes sismiques ou encore du radon, un gaz connu pour apparaître avant un séisme. Malheureusement, aucune méthode n'est assez fiable pour prédire avec certitude les forts séismes à venir, et ainsi sauver des vies.

Qu'est-ce que l'échelle de Richter ?

C'est une note qui évalue l'amplitude des séismes. 1 ou 2 : trop faible pour être ressenti. 3 : ressenti mais sans dommage. 4 : les objets bougent. 5 : maisons endommagées. 6 à 9, et au-delà : dommages sévères dans une vaste zone.

Combien un mille-pattes a-t-il de pattes ?

À vue de nez, les mille-pattes ont plus de six pattes : ce ne sont donc pas des insectes. Et ils en ont aussi plus de huit : ils ne font donc pas partie des arachnides, la famille des araignées. En fait, les mille-pattes sont des cousins des uns et des autres, et le nombre de leurs pattes est variable. Cela dépend de l'espèce et de l'âge. Il existe environ dix mille espèces de mille-pattes dans le monde. Certains sont carnivores, comme la scolopendre ou le géophile. Dans nos jardins, ils sont faciles à reconnaître : ils courent très vite. D'autres se nourrissent d'humus et de végétaux, comme l'iule. Très lents, ils ne prennent pas leurs pattes à leur cou lorsqu'on les dérange, mais s'enroulent sur eux-mêmes et attendent que le danger passe. Le nombre de pattes dépend de l'espèce : moins de 30 paires pour les scolopendres, jusqu'à 180 paires pour les géophiles, et même 375 paires – record mondial ! – pour le *Illacme plenipes* d'Amérique. Mais, chez un même individu, le nombre varie avec l'âge. Bébé iule naît avec trois paires de pattes puis, à chaque mue, son corps se rallonge d'un nouvel anneau muni de deux paires de pattes. Papy iule peut avoir une centaine de paires de pattes…

? Qu'est-ce qu'un myriapode ?

Myriapode est le nom scientifique du mille-pattes. Le mot est formé de myria (« dizaine de milliers » en grec) et de pode (« pied » en grec).

Avec l'eau consommée en une journée par un Américain, combien de bouteilles de 1,5 litre pourrait-on remplir ?

Chaque jour, un Américain du Nord consomme en moyenne 600 litres d'eau, l'équivalent de 400 bouteilles de 1,5 litre ! Un Européen en utilise entre 200 et 350 litres, un Africain, entre 10 et 20 litres. Depuis quelques décennies, les hommes ont compris que l'eau était une denrée précieuse et mal répartie. Pourtant, alors qu'un Terrien sur cinq n'a pas accès à l'eau potable, d'autres la gaspillent. Où passent les 200 à 350 litres que nous consommons chaque jour pour nos besoins domestiques ? Nous en buvons une infime partie (1 à 2 l). Il y a ensuite la vaisselle (15 à 30 l) et le linge à laver (70 à 120 l). Et comme nous aussi devons nous laver, il faut ajouter une douche (60 à 80 l) ou un bain (150 à 200 l). Sans oublier la chasse d'eau (10 à 12 l). Et, éventuellement, le lavage de la voiture (200 l), l'arrosage du jardin… N'allons pas plus loin, le compte y est. On pourrait cependant facilement faire des économies : d'abord, en vérifiant qu'aucun robinet ne goutte (une chasse d'eau qui fuit gaspille jusqu'à 600 litres par jour !), ensuite en prenant une douche plutôt qu'un bain, en fermant le robinet quand on se brosse les dents…

Combien de litres d'eau faut-il pour faire pousser un kilo de maïs ?

L'agriculture est une grosse consommatrice d'eau. Pas moins de 500 litres d'eau sont nécessaires pour produire un kilo de maïs et 1 000 litres pour un kilo de pommes de terre.

Un arbre vivant est-il entièrement vivant ?

Les êtres vivants sont constitués de cellules. Il en existe de nombreuses sortes : cellules musculaires, cellules nerveuses, cellules sanguines… Chez les animaux et les hommes, elles sont vivantes : lorsque l'une d'elles meurt, elle est éliminée et, le plus souvent, remplacée par une nouvelle. Même un os est vivant, ce qui permet à un enfant de grandir, à un bras cassé de se ressouder : en dix ans, notre squelette se renouvelle entièrement. Et chez les végétaux ? Contrairement aux animaux, une partie des arbres vivants est en fait… morte ! Prenez le bois d'un tronc d'arbre, sous l'écorce. Chaque année, une nouvelle couche se forme à l'extérieur. Le tronc s'élargit alors un peu. Mais seul le bois produit lors des quatre ou cinq dernières années, le plus à l'extérieur, reste vivant : c'est par lui que l'eau et les sels minéraux puisés par les racines montent vers les feuilles. Au cœur du tronc, les cellules meurent et ne sont pas remplacées : ce bois mort sert uniquement à soutenir l'arbre. Il en va de même pour l'écorce. La partie de l'écorce située à l'intérieur est vivante : c'est par elle que redescend la sève. La partie de l'écorce à l'air libre, elle, est morte.

Comment connaît-on l'âge d'un arbre coupé ?

Chaque année, le tronc produit une épaisseur de bois nouveau, qui correspond à un cerne. Pour déterminer l'âge d'un arbre coupé, il suffit de compter le nombre de cernes sur son tronc.

Combien y a-t-il d'étoiles dans le ciel ?

Depuis des temps très reculés, les hommes scrutent les étoiles et dressent des catalogues dans lesquels ils les répertorient. Les astronomes grecs Hipparque (vers 127 av. J.-C.) et Ptolémée (vers 137 ap. J.-C.) en ont ainsi recensées plus de 1 000. Comme ils vivaient dans l'hémisphère Nord de la Terre, ils ne pouvaient observer que celles situées dans la moitié nord du ciel. Et comme ni les jumelles ni les télescopes n'existaient à l'époque, toutes ces étoiles étaient visibles à l'œil nu. Par la suite, d'autres astronomes, arabes ou européens, ont complété ces catalogues, et, aujourd'hui, on recense environ 6 000 étoiles visibles à l'œil nu, une moitié depuis l'hémisphère Nord, l'autre depuis l'hémisphère Sud. Mais cela ne constitue qu'une infime partie des étoiles existantes : dans leur immense majorité, elles sont soit trop petites, soit trop éloignées, soit les deux à la fois, pour être vues à l'œil nu. Avec de bonnes jumelles, on peut en voir jusqu'à 100 000 et, avec les meilleurs télescopes, jusqu'à 17 millions. Mais on estime que notre galaxie compte en réalité 200 millions d'étoiles et qu'il y a 100 milliards de galaxies dans l'Univers...

Comment appelle-t-on les petits groupes d'étoiles ?

Pour repérer facilement les étoiles dans le ciel, on les a regroupées par petits paquets d'astres voisins : les constellations. Il existe 88 constellations : la Grande Ourse, le Bouvier, les Gémeaux, Hercule...

Peut-on se baigner
sans crainte dans le loch Ness ?

Dans cette affaire, une seule chose est avérée : le loch Ness s'étire sur 37 km de long et 2 km de large. Sa localisation : en Écosse, près de la ville d'Inverness. Voilà pour le lac (en écossais, *loch* signifie « lac »). Pour ce qui est du monstre qui y habiterait, c'est une autre histoire… Histoire qui débute au VIe siècle, lorsque le moine Colomban sauve un homme prêt à se faire dévorer par un monstre. « N'avance pas ! Retourne d'où tu viens ! », s'exclame-t-il. Fort obéissante, la bestiole repart dans les profondeurs du lac. Elle refait ensuite surface de temps à autre, notamment en 1934 pour se laisser photographier. L'image, où l'on voit sa tête et son long cou, suscite beaucoup d'intérêt. Des zoologistes se mettent en quête d'indices de sa présence avec force caméras, bathyscaphes, sonars et même dauphins. Résultat : rien, pas un os, pas une empreinte, pas une crotte… Au contraire : sur son lit de mort, en 1993, Christian Spurling avoue que la photographie de 1934 était une supercherie. Il s'agissait d'un sous-marin jouet de 40 cm surmonté d'une tête en pâte à bois. Devant le succès de la photo, le farceur avait pris peur et préféré garder le secret…

Qu'est-ce que le Mokélé-mbêmbé ?

Le Mokélé-mbêmbé est un animal fantastique de 8 mètres de long qui vivrait près du lac Télé, dans le nord du Congo. D'après les Pygmées, il ressemblerait à un dinosaure. Malgré plusieurs expéditions, on ne sait toujours pas si cet animal existe réellement.

Au sommet de l'Everest, à quelle température l'eau bout-elle ?

Tout le monde le sait : l'eau bout à 100 °C. Ce qu'on oublie souvent de préciser, c'est que ce n'est vrai qu'au niveau de la mer. Dès qu'on prend de l'altitude, la température d'ébullition s'abaisse. Ainsi est-elle de 85 °C au sommet du mont Blanc (à 4 807 m) et de seulement 72 °C au sommet de l'Everest (à 8 846 m). Pourquoi ? Zoom avant : l'eau est formée de microscopiques grappes de matière, les molécules. Dans l'eau liquide, elles bougent les unes par rapport aux autres, comme des grains de sucre en poudre. En chauffant suffisamment les molécules, elles s'excitent tant qu'elles finissent par s'envoler : c'est la vapeur d'eau. Mais un élément atténue cela, l'atmosphère terrestre. L'air qui nous entoure agit comme un couvercle qui empêche les molécules de s'envoler. Plus la pression de l'air est forte, et plus il faut d'énergie pour faire bouillir de l'eau. Voilà pourquoi au sommet de l'Everest, où la pression atmosphérique est trois fois plus faible qu'au niveau de la mer, l'eau bout dès 72 °C. Et dans l'espace, où il n'y a pas d'air du tout, elle se met à bouillir dès 20 °C.

À l'intérieur d'une cocotte-minute, à quelle température l'eau bout-elle ?

Dans un autocuiseur, la pression est 1,7 fois plus élevée qu'à l'air libre. L'eau ne commence à bouillir qu'à 120 °C. Les légumes sont donc chauffés à une température bien plus élevée que dans une casserole normale. C'est pourquoi ils cuisent plus vite.

L'homme **bionique** est-il parmi nous ?

BIONIQUE, n. f. (contraction de biologie et de électronique) : élaboration de systèmes et de mécanismes imitant le monde vivant. Depuis 1958, il y a effectivement des hommes bioniques parmi nous. Cette année-là, en Suède, un petit métronome électronique a été implanté sur le cœur d'un patient dont le cœur battait irrégulièrement. Avec 500 000 implants chaque année dans le monde, le pacemaker est aujourd'hui une vraie réussite. D'autres machines ont été conçues pour soigner ou réparer. Il existe ainsi des cœurs artificiels en plastique et en titane assez petits pour être greffés dans une poitrine. Principale difficulté encore à résoudre : l'alimentation en électricité... Des chercheurs conçoivent des bras mécaniques munis de moteurs et d'électrodes permettant aux personnes amputées de se saisir d'objets. Enfin, certains sourds bénéficient d'implants cochléaires : un haut-parleur et une puce traduisent les sons en signaux électriques, transmis directement au nerf auditif et au cerveau. À quand un être mi-homme mi-robot ?

Peut-on greffer un cœur de porc sur un homme ?

Lorsqu'un malade a le cœur ou les reins détruits, le mieux est de les remplacer par ceux d'une personne qui vient de mourir. Mais comme les donneurs manquent, les chercheurs explorent d'autres pistes : les organes artificiels ou la greffe d'organes animaux, notamment ceux du porc, de même taille que ceux des humains. Pour l'instant, les essais se sont soldés par des échecs car nos mécanismes de défense rejettent violemment cet intrus.

Quelle est l'altitude moyenne de la Terre ?

L'altitude moyenne de la Terre est de 2 400 mètres… sous le niveau de la mer ! Nous qui vivons sur la terre ferme l'oublions souvent, mais 70 % de la surface du globe est couverte d'eau. Notre planète devrait donc s'appeler, non pas la « planète Terre », mais la « planète Océan ». Jusqu'au XXe siècle, les savants croyaient qu'aucune vie n'était possible au-delà de 100 ou 200 m de profondeur car, l'eau filtrant la lumière, il y fait nuit noire. L'algue la plus basse jamais découverte vit d'ailleurs par 270 m de fond. Mais depuis, des petits sous-marins ont exploré les abysses. À des milliers de mètres de profondeur, par 2 °C, par une pression incroyable et une obscurité totale, ils ont observé des poissons aux dents immenses, des calmars géants, des vers marins… Ils sont certes rares, car la nourriture l'est aussi – elle provient de la surface, des organismes morts qui ont coulé –, mais il y a bel et bien de la vie là-dessous. Depuis 1977, des submersibles ont même découvert d'incroyables oasis sous-marines : à 1 000, 2 000 ou 3 000 m de fond, près de sources d'eau chaudes, des bactéries se nourrissent de sulfure d'hydrogène, des vers broutent les bactéries, des crabes dévorent les vers et des coquillages grignotent les restes des animaux morts. Une étrange faune des bas-fonds…

Quel est le record de profondeur pour un fond marin ?

La fosse des Mariannes, à l'ouest du Pacifique, s'enfonce à plus de 11 000 m de profondeur. En comparaison, la montagne la plus élevée du globe, l'Everest, n'atteint que 8 848 m…

Pourquoi les femelles moustiques **sont-elles si méchantes ?**

Les moustiques ne piquent pas par méchanceté mais par nécessité : le sang des vertébrés contient des éléments nécessaires à la fabrication de leurs œufs. C'est pourquoi seules les femelles piquent, les mâles se contentant du nectar des fleurs. Voici donc dame Moustique à la recherche d'un repas. Et comme elle se trouve dans votre chambre, le repas, c'est vous ! Pour vous repérer dans la pièce obscure, elle détecte le gaz carbonique émis par la respiration de votre peau : un pied qui dépasse d'une couette suffit. Atterrissage ! La bête sort son suçoir et le plante dans votre chair. Et pour que le sang ne coagule pas dans sa trompe, l'astucieux insecte vous injecte au préalable un peu de sa salive anticoagulante. À la fin du repas, dame Moustique repart fière et vrombissante, ne vous laissant qu'un petit souvenir : un bouton qui gratte, réaction allergique de votre peau à sa salive. Un peu plus tard, la future maman dépose ses œufs à la surface d'une eau stagnante. Des larves aquatiques en éclosent, se développent puis se métamorphosent en moustiques, qui viendront un soir dans votre chambre…

Qu'est-ce que le « chikungunya » ?

Certains moustiques transmettent par la salive des maladies comme le paludisme, la dengue ou le chikungunya. Cette dernière, apparue en 2005 dans l'océan Indien, se traduit par de la fièvre et des rhumatismes.

Le réchauffement de la Terre

est-il une mauvaise chose ?

Pour les 2 000 spécialistes du Groupe intergouvernemental d'experts sur l'évolution du climat (GIEC), cela ne fait pas de doute : le climat de la Terre se réchauffe. La principale raison serait l'effet de serre. L'air qui entoure notre planète agit comme le toit d'une serre qui retient la chaleur du Soleil. En soi, ce phénomène est bénéfique : il permet d'avoir une température agréable et propice à la vie. Le problème, c'est que l'homme a modifié l'équilibre qui régnait depuis des millénaires. Le dioxyde de carbone, produit en grande quantité par les usines et les voitures, participe à augmenter l'effet de serre et donc la température de la Terre. Selon les experts du GIEC, elle pourrait augmenter de 1,5 à 5,8 °C d'ici 2100. Chouette, direz-vous peut-être, plus besoin de bonnet en hiver ! En réalité, les conséquences pourraient être dramatiques : davantage de cyclones et de sécheresses, ainsi qu'une élévation du niveau des mers de 10 cm à 90 cm, due à la dilatation de l'eau des océans et à la fonte des calottes polaires. De nombreux îlots du Pacifique, dont l'altitude est de moins d'un mètre, disparaîtraient alors purement et simplement sous les eaux…

Que faire contre les gaz à effet de serre ?

En 1997, à Kyoto, de nombreux pays ont signé un accord pour réduire leurs émissions de gaz à effet de serre. Mais certains pays comme les États-Unis, qui émettent pourtant à eux seuls le quart du dioxyde de carbone mondial, renâclent à prendre des mesures pour baisser leur production.

Que donne le croisement d'un plant de tabac et d'une luciole ?

Un plant de tabac fluorescent ! Pour l'obtenir, les chercheurs ont disséqué le patrimoine génétique de la luciole (son ADN) afin d'y trouver le gène responsable de la production de luciférase, l'enzyme des organes lumineux. Ils ont ensuite introduit ce gène dans l'ADN du tabac. Le plant de tabac qui en a résulté a produit de la luciférase... et donc de la lumière. Une plante ou un animal dont on modifie ainsi les gènes est appelé organisme génétiquement modifié, ou OGM. Généralement, ils sont plus utiles que le tabac lumineux. Les chercheurs ont ainsi conçu du maïs fabriquant lui-même un insecticide contre les chenilles ; des tomates transgéniques avec vieillissement retardé ; du café décaféiné ; du riz dont certains gènes sont inhibés pour éviter les allergies ; du tabac capable de produire de l'hémoglobine humaine ; des pommes de terre produisant des médicaments antidouleur... En soi, les OGM pourraient s'avérer très utiles. Mais ils posent de nombreux problèmes : en consommer est-il réellement sans danger ? Et si le pollen d'un champ de maïs OGM se retrouve dans un champ de maïs non OGM, qu'est-ce que cela donnera ? Pour l'instant, la prudence est de mise...

Les hommes préhistoriques faisaient-ils de la génétique ?

Depuis le développement de l'élevage et de l'agriculture, il y a 10 000 ans, les hommes ont toujours fait des sélections et des croisements pour obtenir des vaches produisant plus de lait ou des grains de blé plus gros. Même si ça n'en porte pas le nom, c'est du génie génétique.

Si, sur Terre, vous crachez un noyau de cerise à 3 mètres, à quelle distance y parviendrez-vous sur la Lune ?

Sur Terre, deux phénomènes physiques font qu'un noyau craché retombe par terre. Le plus important est la gravitation terrestre, c'est-à-dire la force que la Terre exerce sur le noyau et qui l'attire vers le bas. Le second est les frottements de l'air, qui freinent le noyau, mais de manière très faible. Sur la Lune, il y a également deux phénomènes qui empêchent un noyau craché de partir loin. Le premier est la force de gravitation de la Lune. Le second n'est pas les frottements de l'air, car il n'y a pas d'air autour de la Lune, mais la visière de votre scaphandre... Afin de simplifier les calculs, oublions les frottements de l'air et le scaphandre, pour ne retenir que la gravitation. La force de gravitation à la surface d'une planète dépend de sa masse et de son diamètre. Sur la Lune, elle est six fois plus faible que sur la Terre. Le noyau de cerise ira donc six fois plus loin. Si vous le crachez à 3 m sur Terre, il atteindra 18 m sur la Lune. Trop fort !

Sur la Lune, un cerf-volant vole six fois mieux que sur Terre. Vrai ou faux ?

Faux. Pour voler, un cerf-volant s'appuie sur l'air qui l'entoure. Sur la Lune, le cerf-volant paraîtra six fois plus léger que sur la Terre, mais comme il n'y a pas d'air, il ne s'envolera pas d'un pouce.

Qui a fêté ses 175 ans
dans un zoo australien ?

C'est Harriet. Mais peut-être la connaissez-vous mieux sous le nom de Harry. Son histoire commence aux îles Galapagos, au XIXe siècle. En 1835, le biologiste anglais Charles Darwin, futur auteur de la théorie de l'évolution, y débarque du *Beagle* et se passionne pour les tortues géantes qui vivent là. La légende raconte qu'il aurait capturé trois jeune mâles, baptisés Tom, Dick et Harry. Ce dernier, de la taille d'une assiette, avait environ cinq ans. Darwin les aurait ramenés en Angleterre mais, le climat ne leur convenant pas, on leur aurait cherché un autre pays d'accueil. Ce qui est certain, c'est que les trois reptiles furent confiés en 1837 à un jardin botanique australien. Dick y mourut à la fin des années 1880, Tom en 1949. Harry, lui, vécut des jours paisibles jusqu'à ce traumatisant examen médical, en 1960 : un zoologiste l'étudia attentivement et découvrit qu'il était en réalité… une fille. Le choc ! Rebaptisée Harriet, la tortue se remit de ses émotions et, en novembre 2005, son zoo d'accueil lui fêta ses 175 ans. À cette date, certains zoologistes estimaient qu'Harriet était le plus vieil animal vivant au monde et qu'elle pourrait encore vivre vingt bonnes années.

Combien de temps un arbre peut-il vivre ?

Cela dépend de l'arbre : un platane 800 ans, un rosier 1 100 ans, un chêne 4 000 ans, un baobab ou un cèdre japonais 5 200 ans, un pin Huon 10 000 ans.

Combien cela coûte-t-il de transformer du plomb en or ?

Transformer un métal quelconque en or est un très vieux rêve. Au Moyen Âge, les alchimistes ont essayé d'y parvenir par la magie et la philosophie. En vain. Ce sont les physiciens qui, au XXe siècle, y sont parvenus. Voici comment : le plomb est constitué de grains microscopiques, les atomes de plomb. Ces atomes sont eux-mêmes formés de briques plus petites : les neutrons, les protons et les électrons. La différence entre un atome de plomb et un atome d'or tient au nombre des briques : un atome de plomb est formé de 126 neutrons, 82 protons et 82 électrons ; un atome d'or de 118 neutrons, 79 protons et 79 électrons. Pour transformer un atome de plomb en atome d'or, il « suffit » donc de le casser pour lui enlever 8 neutrons, 3 protons et 3 électrons. Les physiciens en sont actuellement capables grâce à une machine appelée accélérateur de particules. Le problème, c'est que pour obtenir un gramme d'or à partir de plomb, il faudrait faire fonctionner la machine pendant des années. Et qu'une seule heure de fonctionnement coûte bien plus cher qu'un gramme d'or... Mieux vaut aller chercher des paillettes dans le lit d'une rivière !

Casser des atomes peut-il produire de l'énergie ?

Oui. C'est d'ailleurs ce que l'on fait dans les centrales nucléaires. En cassant un gramme d'uranium 235, on produit autant d'énergie qu'en brûlant une tonne de pétrole.

Quand êtes-vous le plus grand : le matin ou le soir ?

Faites l'expérience, c'est vraiment surprenant ! Mesurez-vous un matin et un soir : le matin, vous serez un à trois centimètres plus grand. L'explication est toute simple : des disques élastiques en cartilage sont intercalés entre nos vertèbres. En journée, comme nous sommes debout ou assis, ces disques se compriment et s'amincissent. Du coup, nous rapetissons. La nuit, comme nous sommes couchés, ils reprennent leur taille maximale. Chaque nuit, nous grandissons. Depuis un siècle, les Français aussi n'ont cessé de grandir, mais pour d'autres raisons. En 1870, la taille moyenne des Français était de 1,65 m – on ne connaît que celle des hommes, la mesure s'effectuant au début du service militaire. En 1970, elle est passée à 1,70 m pour les hommes et 1,60 m pour les femmes. Elle est aujourd'hui de 1,76 m pour les hommes et 1,65 m pour les femmes. L'augmentation de taille est liée à l'amélioration des conditions de vie, d'hygiène et d'alimentation et à la prévention des maladies. Mais seule la taille moyenne des Français augmente : les hommes très grands, eux, ne sont pas devenus très très grands. La France ne sera donc pas peuplée de géants…

Combien mesurait l'homme le plus grand du monde ?

Le plus grand homme de tous les temps est l'Américain Robert Wadlow, qui en raison d'un dérèglement de la thyroïde, grandit toute sa vie. À sa mort en 1940, à l'âge de 22 ans, il mesurait 2,72 m.

Quel est le bruit le plus violent jamais entendu par des humains ?

Indonésie, 1883. Le Krakatoa, dont le nom signifie « Mont silencieux », est un volcan de 2 000 m de haut endormi depuis deux siècles. Soudain, le 20 mai, il se réveille et émet un nuage de vapeur. Après quelques semaines de calme, il reprend son activité et, les 26 et 27 août, c'est l'apocalypse. Il explose littéralement, projetant 50 millions de tonnes de cendres jusqu'à 55 km de hauteur. La détonation est si puissante qu'on l'entend dans l'île Rodriguez, distante de 4 700 km : c'est le bruit le plus fort jamais entendu. Vidé de son contenu, le volcan s'écroule ensuite dans l'océan, provoquant un raz-de-marée de 20 à 40 m de haut, qui ravage plusieurs villes et fait 36 000 morts. Une oscillation anormale des eaux est même enregistrée dans la Manche, à 18 000 km de là... Mais ce n'est pas tout : les nuages de cendres qui se mettent à tourner autour de la Terre provoquent un refroidissement de l'atmosphère d'environ 0,3 °C. À la place du Krakatoa se trouve aujourd'hui l'Anak Krakatoa, le « fils du Krakatoa », heureusement moins actif que son « papa »...

Un volcan est à l'origine du mythe de l'Atlantide. Vrai ou faux ?

Peut-être : en 1 500 av. J.-C., l'explosion du volcan de l'île de Santorin, en Méditerranée, a provoqué un immense raz-de-marée. Selon certains historiens, il pourrait être à l'origine du mythe de l'Atlantide, la ville engloutie. Mais ce n'est qu'une hypothèse parmi d'autres...

Pourquoi n'existe-t-il pas de **fourmi de 18 mètres ?**

Même sans chapeau sur la tête, une fourmi de dix-huit mètres, ça n'existe pas, ça n'existe pas. Pas plus qu'une mouche ou un scarabée d'un mètre. En dehors des films de science-fiction et d'horreur, les insectes n'atteindront jamais la taille d'un chien ou d'un éléphant. À cela deux raisons : la première tient à leur squelette. Comme nous, les insectes sont constitués de parties solides et de parties molles. Mais, contrairement à nous, ils n'ont pas un fin squelette interne entouré des chairs externes : chez eux, les chairs sont situées à l'intérieur d'une carapace formée d'une matière très solide, la chitine. Or, si la taille d'un insecte augmentait, la masse de sa carapace deviendrait telle qu'il serait écrasé. La seconde raison à la limitation de taille est liée à la respiration des insectes. Contrairement à nous, l'oxygène n'arrive pas jusqu'aux tissus grâce aux poumons et au sang : l'air entre dans l'insecte par des petits trous situés sur les côtés et circule à l'intérieur par de fins tubes. Pour une bestiole de petite taille, cela fonctionne très bien. Mais pour un insecte géant, la vitesse d'approvisionnement en oxygène deviendrait trop faible et il mourrait asphyxié.

Combien mesure le plus grand insecte existant ?

Le record est détenu par le phasme géant d'Indonésie, long de près de 50 cm. Le plus grand insecte préhistorique retrouvé est une libellule fossilisée dont l'envergure des ailes atteint 70 cm.

Combien de bouteilles en plastique faut-il pour faire un pull-over ?

Vingt-sept ! Dans les années 1950, l'essentiel des déchets ménagers d'une famille ressemblait à cela : pelures de carotte, os de poulets, croûtes de fromage… Aujourd'hui, nos déchets ressemblent plutôt à ça : pots de yaourt vides, boîtes de conserve, bouteilles en plastique… Notre mode de consommation a en effet changé : autrefois, le lait était conservé dans des bouteilles en verre qui, une fois vides, étaient lavées puis remplies à nouveau ; aujourd'hui, on utilise des bricks qui finissent à la poubelle. Chaque Français jette plus d'1 kg de déchets par jour. Avec le tri sélectif, beaucoup de ces emballages peuvent être recyclés. Ainsi peut-on transformer les bouteilles d'eau en plastique en fibre synthétique : 27 bouteilles vides suffisent pour faire un pull en laine polaire. L'aluminium des canettes de soda peut être refondu et réutilisé : avec 670 canettes, on fait un vélo. De même pour l'acier des boîtes de conserve, qui, une fois retraité, est identique au neuf : avec 19 000 boîtes de conserves, on en a assez pour faire une voiture. Sans oublier le recyclage du verre et des vieux papiers…

Qui étaient les chiffonniers ?

Autrefois, les chiffonniers passaient dans les villes et les villages. Ils collectaient les chiffons, les métaux, les peaux de lapins, les soies de porcs ou les vieux os. Ils les revendaient à d'autres petits métiers, qui en faisaient du papier, des tapis, des brosses… C'était l'ancêtre du recyclage.

Pourquoi la fleur du *Stapelia nobilis* a-t-elle une odeur de viande pourrie ?

Il s'agit d'un cas de mimétisme. Le mimétisme, c'est l'art d'imiter. En voici quelques exemples : le caméléon change de couleur pour ne pas être vu des insectes qu'il veut attraper avec sa longue langue. Les phasmes, eux, sont des proies faciles : pour se fondre dans le paysage, ils ont la forme de feuilles vertes ou de brindilles. En Amazonie, certains papillons de la famille des papilionidés, délicieux entremets pour oiseaux, ont sur les ailes les mêmes dessins que des papillons de la famille des danaïdés, dont les oiseaux savent qu'ils sont toxiques. Du coup, on les laisse tranquilles. Mais les animaux ne sont pas les seuls imitateurs : les lithops, ou plantes-cailloux, vivent dans les déserts d'Afrique du Sud et sont gorgés d'eau : ils feraient le régal d'herbivores assoiffés s'ils ne ressemblaient à la perfection à des galets ! Et notre *Stapelia nobilis*, alors ? Sa fleur n'a aucun nectar à offrir aux insectes. Pourtant, elle doit en attirer si elle veut transmettre son pollen à ses congénères. En imitant l'odeur de la viande pourrie, elle trompe les mouches à viande qui croient pouvoir y pondre leurs œufs. Déçues, celles-ci repartent vers d'autres *Stapelia*.

Dans la nature, quelles couleurs signalent un danger ?

Les plantes et animaux toxiques ou au goût désagréable le signalent souvent par des couleurs vives : un oiseau qui a goûté à une guêpe sait par la suite qu'il vaut mieux éviter les insectes volants jaunes.

Réfléchir fait-il maigrir ?

Un être humain, c'est comme une voiture : ça a besoin de carburant pour fonctionner. Nous puisons notre énergie dans la nourriture. Une pomme nous apporte 60 calories ; un verre de lait, 100 calories ; un hamburger, 600 calories. Pour vivre normalement, un homme qui n'exerce pas un travail trop physique a besoin d'environ 2500 calories par jour. S'il en emmagasine régulièrement plus, il grossit. Comment notre corps dépense-t-il cette énergie ? D'abord, il faut faire fonctionner nos muscles : sur 100 calories absorbées, 20 sont utilisées pour notre activité physique. Ensuite, il y a le fonctionnement des organes : sur les 100 calories, notre foie en consomme 19, notre cerveau 17, le système digestif 10, le cœur 8, les reins 7. Donc oui, réfléchir consomme de l'énergie : d'ailleurs, en cas de manque important, par exemple lorsqu'on est en hypoglycémie, le cerveau peut s'arrêter et on tombe dans les pommes. Cependant, mieux vaut ne pas compter sur les exercices cérébraux pour maigrir : un sudoku force 5 ne fait guère brûler plus de calories qu'un mauvais feuilleton à la télé.

? Dans les pays occidentaux, un adolescent sur cinq est menacé d'obésité. Vrai ou faux ?

Vrai. Depuis quelques années, la proportion d'adolescents obèses augmente très fortement. En cause, une alimentation trop grasse, avec abus de soda, de desserts, et pas assez d'exercice physique.

Index

Notes

C'est maintenant à votre tour de poser des questions que vous ne vous êtes jamais posées, ou même, les questions que personne ne s'est encore posées.

Nous vous proposons de nous envoyer vos questions à l'adresse suivante :

Éditions Palette...
17c, rue Campagne-Première
75014 Paris

Notes